1-4574

UE

Autorenbücher 2

Herausgegeben von
Heinz Ludwig Arnold und Ernst-Peter Wieckenberg

Bisher erschienen in der Reihe ‚Autorenbücher'

1 Heinz F. Schafroth: Günter Eich
3 Jan Knopf: Friedrich Dürrenmatt
4 Alexander Stephan: Christa Wolf

Die Reihe wird fortgesetzt

Über den Verfasser

Hans Wagener, geboren am 27. Juli 1940 in Lage/Lippe, studierte Germanistik und Geschichte in Münster/Westf., Freiburg i. Br. und Los Angeles, Kalifornien (UCLA), wo er promovierte. Er ist Professor of German an der University of California, Los Angeles. Publikationen u. a.: Die Komposition der Romane C. F. Hunolds. Berkeley und Los Angeles 1969. – Die Anredeformen in den Dramen des Andreas Gryphius (mit Theo Vennemann). München 1970. – Andreas Gryphius: Carolus Stuardus (Hrsg.). Stuttgart 1972. – Erich Kästner. Berlin 1973. – Christian Friedrich Hunold: Satyrischer Roman (Hrsg.). Berlin und Frankfurt/M. 1973. – The German Baroque Novel. New York 1973. – Erläuterungen und Dokumente. Johann Wolfgang Goethe: Egmont (Hrsg.). Stuttgart 1974. – Stefan Andres. Berlin 1974. – Zeitkritische Romane des 20. Jahrhunderts (Hrsg.). Stuttgart 1975. – Erläuterungen und Dokumente. Theodor Storm: Der Schimmelreiter (Hrsg.). Stuttgart 1976.

Hans Wagener

Siegfried Lenz

Verlag C. H. Beck
Verlag edition text + kritik

Die ‚Autorenbücher‘ sind eine Gemeinschaftsproduktion
der Verlage C. H. Beck und edition text + kritik

CIP-Kurztitelaufnahme der Deutschen Bibliothek

Wagener , Hans
Siegfried Lenz
   (Autorenbücher ; 2)
   ISBN 3 406 06264 4

ISBN 3 406 06264 4

Zweite, unveränderte Auflage. 1976
Umschlagentwurf von Dieter Vollendorf, München
Foto: Fritz Peyer, Hamburg
© C. H. Beck'sche Verlagsbuchhandlung (Oscar Beck), München 1976
Satz: acomp, Wemding. Druck: aprinta, Wemding
Printed in Germany

Inhalt

Für Marlene

I. Einleitung: Vita

Als im Jahre 1968 sein Roman ‚Deutschstunde' erschien, war Siegfried Lenz zwar kein Unbekannter mehr, aber erst jetzt wurde er schlagartig einer der populärsten Autoren Westdeutschlands. Allein die deutsche Gesamtauflage von ‚Deutschstunde' erreichte 1975 die Millionengrenze; der Roman wurde in 19 Sprachen übersetzt und als zweiteiliger Fernsehfilm gesendet. Lenz selbst war von dem Erfolg so überrascht, daß er 1969 in einem Interview mit dem Literaturkritiker Marcel Reich-Ranicki bekannte: ,,[...] eigentlich müßte man sich fragen: Was hast du falsch gemacht, daß ausgerechnet dir dieser Erfolg passieren mußte?"[1] Lenz' nächster, ebenfalls umfangreicher Roman ‚Das Vorbild' wurde mit einer Startauflage von 100 000 Exemplaren in die Arena der Leser und Rezensenten geschickt, und auch die früheren Romane, Erzählungssammlungen, Dramen und Hörspiele des Schriftstellers profitierten vom Erfolg ihres Autors, indem ihre Auflagen gleichfalls in die Höhe schnellten. Auf der Bauchbinde der französischen Übersetzung wird Lenz zusammen mit Günter Grass als der größte zeitgenössische deutsche Romancier gerühmt (,,avec Günter Grass le plus grand romancier de la nouvelle Allemagne"). –

,,Ich wurde am 18. März 1926 in Lyck geboren", schreibt Lenz in seiner ‚Autobiographischen Skizze' (Stimmungen der See, 76–79), ,,einer Kleinstadt zwischen zwei Seen, von der die Lycker behaupteten, sie sei die ‚Perle Masurens'. Die Gesellschaft, die sich an dieser Perle erfreute, bestand aus Arbeitern, Handwerkern, kleinen Geschäftsleuten, Fischern, geschickten Besenbindern und geduldigen Beamten, zu denen auch mein Vater gehörte." Lenz wohnte in einem kleinen Haus am Seeufer, von wo aus er den See und seine Ufer erkundete. Das Wasser, vor allem das Meer, sollte für den späteren Schriftsteller und begeisterten Sportangler seine Anziehungskraft für immer behalten. Seine masurische Heimat hat er später in ‚So zärtlich war Suleyken‘ (1955), einer Sammlung charakteristischer Lügengeschichten, beschrieben. In Lyck ging Lenz zur Schule, wo er sich von einem Hindenburg immer ähnlicher werdenden Geschichtslehrer über die masurische Geschichte, über Kosaken, Ritterorden und moderne Umfassungsschlachten aufklären ließ. Da der alte Lehrer auch noch Sport und Singen gab, „verschaffte [er] uns die Möglichkeit, miserable Geschichtszensuren oder hoffnungslose Noten im Singen, an der Kletterstange, am Reck aufzubessern. Der Bizeps wurde in meiner Schule als Bildungsfaktor anerkannt: gelungene Kniefelgen und Riesengrätschen wogen den mangelnden Sinn für die Wissenschaften auf.“ (‚Ich zum Beispiel‘, in: Beziehungen, 15) Bleibenden Einfluß hatte der Deutschlehrer, der den jungen Siegfried Lenz mit Literatur ‚infizierte‘ und seinen Lektüreplan kontrollierte, ein Mann skeptisch-aufklärerischer Gesinnung, der die Werke von Lessing, Heine, Thomas und Heinrich Mann, Balzac und Dostojewski vor dem biographischen Leidenshintergrund ihrer Autoren interpretierte.

Abgesehen davon war Lenz jedoch ein typischer Junge seiner Zeit, der, zehnjährig, mit den Pimpfen Pimpfenlieder sang, Pimpfenspiele spielte und mit ihnen auf Fahrt durch Masuren ging. Als er 13 Jahre alt war, wurde er Augenzeuge des deutschen Überfalls auf Polen, des Kriegsbeginns, der alles Lernen – Lenz besuchte nach dem Umzug der Familie nach Braunsberg eine Internatsschule – überschattete. Aufgerückt in die Reihen der Hitler-Jugend, wurde er nun in den Ferien in ‚Wehrertüchtigungslager‘ geschickt, in denen erschöpfte Unteroffiziere, die sich von ihren Frontverwundungen erholten, die zukünftigen Soldaten im Gebrauch von Gewehren und Handgranaten unterrichteten. 1943 war es dann soweit, daß man ihm die Reifeprüfung erließ, um den Siebzehnjährigen zur Marine einzuziehen. Nach viermonatiger Ausbildung, die ihm den Krieg noch als Fortsetzung jugendlicher Indianerspiele erscheinen ließ, erhielt Lenz sein erstes Bordkommando auf einem der letzten deutschen schweren Kreuzer, die die Ostsee befuhren, der ‚Admiral

Scheer'. Die jetzt erfahrene Realität des Krieges kam einem Erwachen gleich: überstürzte Einsätze, die Verlorenes retten helfen sollten, Angriffe russischer Bomber und Torpedoflieger, Artillerieduelle, Bombardements und Beschießungen russischer Panzeransammlungen; stöhnende Verwundete füllten die Decks, und Tote wurden über Bord der See übergeben. Zweifel am obersten Kriegsherrn stellten sich ein, auf den eben von hohen Offizieren ein Attentat verübt worden war. So war also die allgemeine Zustimmung eine Mär, der kollektive Gehorsam so absolut und allumfassend nicht, und es gab immerhin Leute, die zweifelten. Der Kreuzer sank; Lenz kam an Land, wurde weiter gedrillt für Aufgaben, die zu erfüllen illusorisch war, denn der Krieg war praktisch verloren. Während der letzten Monate des Debakels war er in Dänemark, müde und gleichgültig von automatischem Gehorsam den Befehlen gegenüber. ,,Ich war in Dänemark und lernte Stillstehen, Warten, Laufen, Wachen, und ich hatte einen Strohsack und ein Kochgeschirr, und das genügte. Es genügte bis zu dem Tag, an dem sie einen erschossen, weil er sich aufgelehnt hatte mit Worten: sie brauchten einen Toten, um uns an ihre Macht zu erinnern, sie brauchten ihn aus pädagogischen und disziplinarischen Gründen: ich erfuhr es und erwachte." (Beziehungen, 34) Lenz nahm sein Gewehr und desertierte, ging in die Wälder und versteckte sich. Von einer Verfolgung ließ man bald ab: die deutsche Armee hatte andere Sorgen. Zum ersten Mal hatte der junge Lenz eine unabhängige Entscheidung getroffen, die ihn in eine gefährdete Freiheit und Einsamkeit entließ, eine Entscheidung, wie sie auch ein anderer deutscher Nachkriegsautor, Alfred Andersch, auf sich genommen hatte. ,,Ohne Kameraden, Freunde und Nebenmänner, ohne Lehrer, Erzieher, Vorgesetzte, ohne die bergende Anonymität der großen Zahl, und ohne geregelte Tage, Nächte und Gedanken: mit neunzehn Jahren hatte ich es erreicht, zum ersten Mal allein zu sein." (Beziehungen, 34) Lenz verbarg sich in Schuppen und Autowracks, schlief im Gebüsch an Seeufern, ließ sich von dänischen Bauern, Studenten und Chauffeuren helfen, bis er vom Ende des Krieges hörte. Nachdem er einem

dänischen Studenten sein Gewehr geschenkt hatte, zog er süd-
wärts, fand wieder zur heimkehrenden Marine und ließ sich
gefangen nehmen. „Ein leichter Panzerspähwagen dirigierte
uns in lässige Gefangenschaft unter freiem Himmel. Wir schlu-
gen da Zelte auf. Wir erklärten die Brennessel zum Hauptgericht
und die Zigarette zur Währung. Goethe und Schiller im Herzen,
reagierten wir auf die geschichtliche Misere durch Vorträge,
Diskussionen, Rezitationen und Liederabende. Schöne Kultur-
anstrengung machte die Niederlage erträglich." (Beziehungen,
35) Die Atmosphäre dieses Gefangenenlagers sollte nicht nur in
‚Brot und Spiele‘, sondern vor allem in ‚Deutschstunde‘ beschrieben werden.

Bald wurde Lenz zum Dolmetscher einer englischen Entlas-
sungskommission gemacht, die kreuz und quer durch Schles-
wig-Holstein fuhr, um alle ehemaligen Soldaten ordnungsge-
mäß mit gestempelten Formularen aus dem Kriege zu entlassen.
Zum Schluß entließ sich Lenz selbst, indem er seinen eigenen
Entlassungsschein unterschrieb und stempelte und damit einen
Schlußstrich unter eine Zeit fehlgeleiteter Ideale und heroischer
Träume zog. „Ich entließ mich nach Hamburg. Danach genoß
ich das Vakuum. Die vollständige Offenheit, die Abwesenheit
jeder Spur, jeden Zwangs, jedes rechthaberischen Glaubenssat-
zes, der Augenblick flimmernder Leere: ich genoß sie. Ich wollte
mich nicht festlegen, bekennen, zu unmißverständlicher Aktion
entscheiden, denn ich hatte gemerkt, daß mit einmaligen Entscheidungen nicht alles getan ist." (Beziehungen, 37)

Lenz bezog die Universität Hamburg und studierte ohne ein
lockendes Ziel vor Augen Philosophie, Anglistik und Literaturgeschichte. Kindheitsträumereien brachten einige Kosakendra-
men voll szenischer Sinnlichkeit hervor. Finanziell schlug er sich
als Schwarzhändler durch, ausgerüstet mit einem Anfangskapi-
tal von 600 Zigaretten, der gängigen Währung der Zeit. Er
handelte mit allem Möglichen, von Alkohol und Zwiebeln bis
zu Nähnadeln. Mit ‚Lehmanns Erzählungen oder So schön war
mein Markt‘ (1964) schrieb er später ein amüsantes Buch über
diese Zeit.

Wenn die Geschäfte des Schwarzhändlers Lenz schlecht gingen, ließ er sich als Blutspender anwerben und blieb im Bett, um Unkosten zu vermeiden, indem er seinen Appetit durch Einschränkung der Bewegung reduzierte. Er las viel, entschied sich, an der Universität zu bleiben und Hochschullehrer zu werden, und begann mit planvollem Eifer zu studieren. Die Begegnung mit einigen Journalisten änderte diesen Entschluß jedoch schnell: Freunde luden ihn ein, die Redaktion der ‚Welt‘ zu besuchen, die damals englische Besatzungszeitung war. Bald darauf ließ er sich einen Vertrag geben und pendelte anfangs zwischen Redaktion und Universität hin und her. Bei der ‚Welt‘ redigierte er ,,Kulturnachrichten, politische Nachrichten, Nachrichten über gemischte Verbrechen. Ich lernte Streichen. Ich wurde mit den Schwierigkeiten beim Formulieren einer Nachricht vertraut und wunderte mich über die Mitteilungsfreude der Menschen, die ich interviewte.‘‘ (Beziehungen, 40 f.) Schließlich avancierte er zum Feuilletonredakteur, und damit wurde er auf die Laufbahn zum Schriftsteller geführt: ,,Ich bekam von einem älteren Feuilleton-Redakteur das Ressort ‚Geschichten‘ in der Zeitung, und ich las Geschichten. Einige waren gut, einige waren weniger gut, aber einige mißfielen mir ganz besonders, und um eine Balance zu schaffen, schrieb ich selbst einige Geschichten, die mir selbstverständlich gefielen, und die dann in der Zeitung gebracht wurden. Nach einiger Zeit schrieb ich dann meinen ersten Roman ‚Es waren Habichte in der Luft‘. Er entstand noch in meiner Studentenzeit, erschien auch als Fortsetzungsroman zunächst in der Zeitung, und ein halbes Jahr später [1951] dann als Buch.‘‘[2] Im selben Jahr (1951) gab er den Journalismus ganz auf; seither lebt er als freier Schriftsteller in Hamburg, seiner Wahlheimat, deren Bürger er in ‚Leute von Hamburg‘ (1968) ironisch-witzig charakterisiert hat. Während der Sommermonate zieht er mit seiner Frau – seit 1949 ist er verheiratet – rund zweieinhalb Autostunden weiter nach Norden in sein Sommerhaus auf der dänischen Insel Alsen. Wie im geschäftigen Hamburg sieht Lenz auch hier darauf, daß er täglich ein sechsstündiges Schreibpensum einhält. Im Winter geht er meist auf Vortragsreisen, um sich seinen Lesern vorzustellen und Literatur als gesprochene Sprache zu verwirklichen. Auch andere, größere Reisen unternimmt er: Schon 1951 macht er eine Afrikareise; Anfang 1968 besucht er auf einer Vortragsreise sieben australische Universitäten, und 1969 akzeptiert er eine Einladung der University of Houston, Texas, wo er eine einsemestrige Vorlesung über ‚Die europäische Kurzgeschichte seit 1945‘ hält.

Seit 1965 hat sich Lenz an Wahlkampfreisen für die SPD in Land- und Bundestagswahlen aktiv beteiligt, im Oktober 1970 war er maßgeblich an der Gründung der Wählerinitiative Nord (WIN) beteiligt, die im Gefolge der von Günter Grass und seinen Freunden zur Bundestagswahl 1965 gegründeten sozialdemokratischen Wählerinitiative ins Leben gerufen wurde. WIN sollte der Konzeption nach nicht nur Wahlhilfeorganisation der SPD sein, sondern auch zwischen den Wahlen ein politisches Forum bilden, in dem Wähler und Gewählte diskutieren und Gedanken austauschen könnten. Lenz selbst ist kein Mitglied der SPD, identifiziert sich jedoch in seinen politischen Ansichten weitgehend mit dem sozialdemokratischen Parteiprogramm, so wenn er sagt: ,,Wir [Lenz und seine Freunde] haben der SPD unsere kritische Mitarbeit angeboten, weil sie nach unserer Überzeugung soziale Gerechtigkeit und Freiheit sicherer verbürgt als jede andere Partei.‘‘[3] Oder: ,,[...]: unter einer sozialdemokratischen Regierung, in welcher Zeit und in welchem Land auch immer, ließ es sich noch jedesmal furchtlos leben. Bißchen zäh manchmal. Bißchen mühselig und temperamentlos. Aber in jedem Fall: Furchtlos leben. Da niemand von uns zwischen Hölle und Paradies wählen kann, halte ich das für viel, für sehr viel.‘‘[4]

Schon während seiner Studienzeit in Hamburg (1945/46) war Lenz durch Studenten vom Sozialistischen Deutschen Studentenbund mit dem Parteiprogramm der SPD bekannt geworden: ,,Damals wurden praktisch die ersten Einflüsse wirksam. Seitdem hat mich das, was die Geschichte der sozialdemokratischen Partei und was sozialdemokratische Eigenart darstellt – sozialdemokratisches Programm durch mehr als hundert Jahre –, immer wieder davon überzeugt, daß hier tatsächlich etwas für den arbeitenden Menschen versucht wird, und ich habe eingesehen, daß das, was sozialdemokratische Politiker immer wieder versucht haben, von der Friedenspolitik bis zur Einlösung sozialer Gerechtigkeit, auch mein erklärtes politisches Ziel ist. Ich unterstütze die sozialdemokratische Partei, habe sie in mehreren Wahlkämpfen unterstützt und hoffe, sie schreibend und redend weiter zu unterstützen. Mit einer durchaus kritischen Sympathie, das möchte ich noch hinzufügen."[5]

Die Politik der SPD kommt der Grundüberzeugung Lenz' entgegen, daß gesellschaftlicher und politischer Fortschritt nur durch Veränderung und Zweifel möglich sind, nicht aber durch konservative Warnung vor Experimenten: „Alles, was ich will, ist, für den Zweifel zu werben. Ich halte den Zweifel immer noch für die beste Säure der Klarheit, die Veränderungen herbeiführt, und weil in einer politischen Veränderung unsere Chancen liegen, möchte ich eine Lanze für den Zweifel brechen."[6] Die SPD ist für ihn eine Partei, „mit deren Namen soziale Gerechtigkeit und sozialer Fortschritt für immer verbunden bleiben",[7] die Prinzipien und Menschen vertritt, für die sich Lenz auch in seinen schriftstellerischen Arbeiten zum Sprecher gemacht hat. So sagte er 1971 in einem Interview: „Meine Bücher beinhalten schon die Disposition für meine jetzige politische Tätigkeit. Sie beschäftigen sich mit den bestehenden sozialkritischen, gesellschaftskritischen und moralkritischen Konflikten. Die Reformaufgaben, für die ich eintrete, sind auch die der SPD."[8] Auf die Frage, welche Veränderungen er sich hier und jetzt in der Gesellschaft der Bundesrepublik vorstelle, erklärte er in einem anderen Interview: „Ich halte die gegenwärtige Gesellschaft für reformbedürftig, von der Mitbestimmung am Arbeitsplatz bis zu einer gerechten Vermögensverteilung; vom Mieterschutz bis zur Chancengleichheit in Bildung und Ausbildung; von einer Steuerreform bis zu einer unaufschiebbaren Bodenrechtsreform: hier sind Änderungen nötig, Verbesserungen. Für diese Verbesse-

rungen trete ich ein, indem ich am Wahlkampf teilnehme, redend, schreibend."[9]

1970 reiste Lenz zusammen mit Günter Grass auf Einladung
Willy Brandts zur Unterzeichnung des deutsch-polnischen Vertrags mit nach Warschau, und sowohl in einem Artikel in der
‚Zeit‘ vom 18. 12. 1970 (‚Nachdenken über Warschau‘) als auch
in einer von WIN verbreiteten Rede (‚Verlorenes Land – Gewonnene Nachbarschaft)[10] verteidigte er den Vertragsabschluß
als Anerkennung von Realitäten, als Abschied von falschen
Hoffnungen und Illusionen und einer unzeitgemäßen Politik der
Stärke und als Teil einer allgemeinen Friedenspolitik. Dafür
mußte er in Kauf nehmen, daß ihm die Post Briefe mit schwar-
zem Trauerrand voller Erbitterung und Resignation ins Haus
brachte: ‚‚Als der Bundeskanzler zur Unterzeichnung des
deutsch-polnischen Vertrages nach Warschau fuhr, lud er auch
zwei Schriftsteller ein, ihn auf dieser Reise zu begleiten: Günter
Grass und mich. Wir stammen beide aus dem Osten. Wir sind –
im Sinne des Vertrages – Betroffene. Wir haben beide, mehr
oder weniger verkappt, eine Huldigung an unsere Heimat geschrieben – Günter Grass an Danzig, ich an Masuren. Und
schließlich haben wir beide – mit der Anerkennung der Unver-
letztheit der polnischen Westgrenze – nicht nur eine literarische
Provinz verloren. Dennoch nahmen wir die Einladung an. Einverstanden damit, was wir durch pure Anwesenheit aus-
drückten.

Ich möchte hier sagen: ich habe die Vorwürfe ernst genommen, die man mir gemacht hat. Ich habe den Zorn zu
verstehen gesucht. Die Erbitterung meiner Landsleute und ihre
Resignation, die die Post mir auf schwarzumrandeten Briefen
brachte, habe ich mir immer wieder zu erklären versucht. Und
ich dachte mir auch etwas bei den Drohungen, die mich erreichten. Es gibt viele, die ein Recht haben auf ihren Schmerz über das
Verlorene. Ich respektiere diesen Schmerz. Und ich achte die
Leiden, die viele meiner Landsleute während der Flucht auf sich
nehmen mußten. Aber [...] wir haben uns auch der Leiden zu
erinnern, die wir anderen zufügten: ein Fünftel der polnischen

Bevölkerung wurde durch Deutsche ermordet. Zu kaum einem anderen Volk haben wir so viele schwerwiegende inoffizielle Beziehungen wie zu Polen, und zwar psychologische und moralische, menschliche und historische Beziehungen. Und die Gerechtigkeit verlangt von uns, daß wir uns auch daran erinnern, wie alles begann. Schließlich hat auch die Geschichte ihre Kausalität; die müssen wir anerkennen." (Verlorenes Land – ..., 5–7) Lenz' Aufrichtigkeit, seine Ehrlichkeit und sein politischer Mut sind auch die Grundlage seines literarischen Werkes.

II. Das Werk Siegfried Lenz'

1. Romane

,Es waren Habichte in der Luft'

Mit seinem ersten Buch, dem Roman ,Es waren Habichte in der Luft' (1951), gelang es dem fünfundzwanzigjährigen Siegfried Lenz sofort, sich einen Platz in der deutschen Nachkriegsliteratur zu sichern. Mit Recht ordnete Karl Korn in seiner Besprechung in der ,Frankfurter Allgemeinen Zeitung' vom 21. 4. 1951 den Roman in die internationale zeitgenössische Literatur ein, wenn er ihn in die Reihe der Koestler, Gheorghiu, Orwell, eine Literatur der Angst und der apokalyptischen Schrecken, stellte. Wie seine Kritikerkollegen kam er zu dem Schluß, ,,daß man dem jungen Autor Siegfried Lenz einen Platz unter den Hoffnungen unserer jungen erzählenden Literatur einräumen muß. Wer die Dinge so genau und treffend sieht und sie so sicher aufzuschreiben versteht, der hat wohl einiges hinter sich gebracht.''

Aber worum geht es eigentlich in diesem Erstling, der an Spannung mit einem Kriminalroman konkurrieren könnte, sich aber in Stimmungshaft-Atmosphärischem eher den Werken der großen russischen Epiker vergleichen läßt? Ort der Handlung ist das am Ende des I. Weltkrieges an Sowjetrußland abgetretene finnische Karelien. Zeit: kurz nach der kommunistischen Machtübernahme. Stenka, ein Lehrer, wird von der Polizei gesucht. Es gelingt ihm, in dem kleinen Städtchen Pekö bei dem Blumenhändler Leo als Gehilfe unterzutauchen, wo er – anscheinend unerkannt – mit dem jungen Erkki eine armselige Kammer teilt. Aber bald tritt nicht nur die Volksmiliz mit ihrem brutal-dummen Kommissar als Verfolger auf, sondern auch der Ideologe Aati, ein Materialist, dessen ,,unbehaarte Hand'' die Pistole zu handhaben versteht und der mit spielerischer Verstandesüberlegenheit den Ort in Furcht hält. Es gelingt dem furchtsamen, am Ende verzweifelt um sein Leben laufenden Stenka nicht, dem sich zusammenziehenden Netz der Verfolger zu entkommen. Er war nur Zeuge der Ermordung der jungen Manja, der Verlobten Erkkis, geworden, wird aber als der Täter verdächtigt. Es gelingt ihm, bei Erkki Unterschlupf zu finden, nachdem er ihn von seiner Unschuld hat überzeugen können. Erkki, nun wegen seiner Hilfeleistung selbst in Gefahr, flieht mit ihm zur nahen Grenze, wo beide in einen Hinterhalt laufen. Eine Kugel der Grenzsoldaten streckt Stenka nieder, während dem jüngeren Erkki die Flucht gelingt.

Genau betrachtet, sind es eigentlich zwei Geschichten, die hier durch filmähnliche Rückblenden, durch Hin- und Herwechseln des unpersönlich distanziert über dem Geschehen stehenden Erzählers miteinander verwoben sind und die sich schließlich in der Ermordung Manjas einholen: einerseits die Geschichte der vergeblichen Flucht des Lehrers Stenka; andererseits die Lebensgeschichte des irren Petrucha, die analytisch enthüllt wird, indem sich einige Gestalten der ersten Geschichte als mit der zweiten identisch erweisen. Nicht nur stellt sich heraus, daß Erkkis Verlobte, Manja, die Nichte Petruchas ist; auch war der ehemalige Inhaber von Leos Blumengeschäft, der frühere Holzschiffer Matowski, der Bruder Petruchas. Eine Geschichte von der Unentrinnbarkeit des Menschen ist so verbunden mit einer in sie einmündenden Familientragödie.

Das Gefühl der Ausweglosigkeit, der Unentrinnbarkeit wird von Anfang an vermittelt, wenn es von Stenka heißt: ,,Er wird sich selber fangen. Er wird Sicherheitsnetze auslegen, in denen er sich verstrickt.'' (dtv-Ausgabe, 25) Auch Erkki, schließlich zum gefährdeten Helfer Stenkas geworden, ,,fühlte, daß er unterliegen mußte'' (153). Stenka erhebt seine Situation des Verfolgtseins zur Situation des Menschen schlechthin: ,,Wohin willst du? Jeder wird verfolgt: verfolgt von der Liebe, verfolgt vom Haß, verfolgt von allen möglichen Bedürfnissen. Du kannst nicht entfliehen, es hat keinen Zweck. Sie werden dir folgen bis an den Rand der Erde. Ihre Blicke reichen weit, und ihre Kugeln sind unfehlbar." (157) Aber angesichts dieser Aussichtslosigkeit der Situation des Menschen gewinnt selbst ein so hilfloser, kümmerlich unpraktischer Mann wie Stenka, ein Antiheld, die Kraft zum Widerstand (157, 159). Es ist ein Heldentum des Trotzdem, ein Hemingwaysches Heldentum, das auch in der äußeren Niederlage auf dem von Ernst Jünger so benannten „verlorenen Posten" triumphiert. Lenz' Kurzgeschichten aus dieser Zeit, in der Sammlung ‚Jäger des Spotts' (1958), geben zahlreiche Beispiele dafür.

Die Vergeblichkeit der Flucht, aller Anstrengungen Stenkas wird auch durch das Titelsymbol, die Habichte, vorweggenommen, Leo macht von seinem Garten aus auf zwei Habichte Jagd. Er trifft mit seinem Karabiner, aber der Vogel fängt sich und fliegt weiter: „‚Warum sollte nicht mal einer mit dem Leben davonkommen', sagte er [Leo] und blickte zu Stenka. [...] ‚Vielleicht verreckt er im Wald', sagte Erkki. ‚Mag sein. Das ist mir egal. Im Wald stirbt es sich leichter.'" (49) – So wie Stenka schließlich im Walde fallen wird.

Habichte sind überall dabei. Sie sehen zu, kreisen über dem Geschehen, Raubvögel, denen das kleine Getier nicht entrinnen kann, so wie Stenka seinen Verfolgern nicht wird entrinnen können. Hier liegt zweifellos eine Schwäche des Buches: im übermäßigen Gebrauch einer Symbolik, die den Eindruck vermittelt: Hier hat sich ein Schriftsteller in seinen eigenen Einfall verliebt.

Den Habichten entspricht in der Romanrealität der Ideologe Aati, der nicht zufällig auch allgegenwärtig zu sein scheint und, rein äußerlich ein Zwerg, etwas vom Lauernden einer Giftspinne hat. Wohl mit Absicht ist er als Verstandesmensch überzeichnet. Seine Vorträge über materialistische Philosophie bzw. Marxismus/Leninismus (der Gebrauch der Begriffe selbst wird kunstvoll vermieden) unterbricht er ständig mit einem „Bleiben wir logisch!" Lenz hat ihn mit einer abstrakten Diktion ausgerüstet, die sich von der lebensnahen Sprache der anderen Personen als kalt und unrealistisch abhebt und die eine menschliche Reaktion weder anstrebt noch möglich macht. Aati verkörpert ein Abstraktum: sich selbst verabsolutierende Ideologie, die mit der Gefühllosigkeit eines Automaten tötet, die als Gefährdung alles Menschlichen omnipräsent ist, lauert und im geeigneten Augenblick zustößt wie ein Habicht. Aati ist alles Unmenschliche, Negative, Böse. Von ihm geht eine Bedrohung, eine Vergiftung der Atmosphäre des Ortes aus, die auch die äußerlich das System unterstützenden Leute wie Leo verunsichert und ihrer Gefährdung bewußt werden läßt.

Aatis Ideologie steht in entschiedenem Gegensatz zur geistigen Freiheit, wie sie von der Gestalt des Lehrers repräsentiert wird. Selbstständiges Denken ist für jedes ideologisch geschlossene System eine Gefahr; ihre Vermittler sind Todfeinde des Systems und müssen deshalb beseitigt werden. Die Ideologie wird aber nicht nur durch das Denken eines Mannes wie Stenka gefährdet, sie wird durch die menschliche Lebenswirklichkeit widerlegt. Aati täuscht sich, wenn er in Stenka den Mörder Manjas und Petruchas vermutet – ausgerechnet, nachdem er über Täuschung doziert hat, und: mag auch ein Stenka nicht entkommen: einem jüngeren Mann wie Erkki gelingt die Flucht. Weder der sentimentale Leo noch Manja, die sich entschlossen hatte, zum letzten Mal für die Partei zu arbeiten und dann Erkki zu heiraten, noch der irre Petrucha, der Mönche vor den Übergriffen des Systems retten will, lassen sich mit seinen Kategorien begreifen und ‚gleichschalten‘. So zerbricht die Macht der Ideologie am persönlichen Freiheitsstreben der Menschen, an ihrem Wunsch, sich einen ideologiefreien Raum zu schaffen, in dem Liebe, Zuneigung und – im Falle Erkkis – selbstlose Hilfsbereitschaft gegenüber dem Verfolgten einen Platz haben.

Interessanterweise werden in ‚Es waren Habichte in der Luft‘ Gedanken und Themen späterer Werke von Lenz vorausgenommen, wobei vor allem auf das Thema der Schuld hinzuweisen ist, das nicht nur in seinem nächsten Roman, ‚Duell mit dem Schatten‘ (1953), sondern vor allem später in ‚Zeit der Schuldlosen‘ (1961) ganz in den Vordergrund tritt. So doziert der Theo-

19

retiker Aati: „Man kommt leichter zur Schuld als zu Hühnerau-gen. Die Schuld ist eine Art unvermeidliches Patengeschenk. [...] Jeder läuft mit der unsichtbaren Schlinge der Schuld am Halse den Berg hinauf und hinunter. Jeder wird in der Sackgasse der Schuld geboren. Vor dem einzigen Ausgang, der ins Leben führt, steht eine riesige Mausefalle und lockt den Neuling mit einem Würfelchen Speck. Aber reden wir nicht darüber. Wir können es uns nicht leisten, einen tiefen Blick ins Leben zu tun. Wer so etwas sagt, macht sich verdächtig." (152) Zu ergänzen wäre: „wegen ideologischer Abweichungen", denn daß sich hier ein marxistischer Theoretiker in christlich bis existentialisti-sche Abgründe versteigt, ist offensichtlich. Problematisch ist dabei überdies, daß Aati hier, seinem Charakter untreu, zum Sprachrohr Lenz' wird. Seine Theorien stehen isoliert innerhalb des Buches und werden für die Handlung nicht fruchtbar ge-macht; darüber hinaus beeinträchtigen sie die Schlichtheit und Eindeutigkeit von Charakter, Landschaft und Handlung. Damit deutet sich eine Schwäche Lenz' an, die auch sonst bei ihm, z. B. in ‚Das Feuerschiff' und in ‚Zeit der Schuldlosen', zu beobachten ist: seine Personen philosophieren zu viel, und zwar in einer stilisierten, literarischen Sprache, die ihnen die Lebensechtheit nimmt.

In die Gefahr der Literarisierung, der Verkünstlichung begibt sich Lenz auch mit der offensichtlich von Thomas Mann über-nommenen Leitmotivtechnik, der Wiederholung bestimmter Formeln, Redewendungen oder Gesten in Verbindung mit be-stimmten Personen. So weist er im Zusammenhang mit Aati immer wieder auf dessen unbehaarte Hände hin und auf seine charakteristische Sprachfloskel „Bleiben wir logisch"; ähnlich hängt Leo seiner Rede ein abwinkendes „Lassen wir das" an, der Wirt Roskow betupft seine Bartflechte mit einem weichen Tuch, Leo kratzt sich in der Achselhöhle, Stenka nimmt sein Ohrläppchen zwischen die Finger usw. Leitmotivartige Hand-lungen können auch Symbolcharakter annehmen, so wenn Leo Blumen wiederholt die Köpfe abreißt, sich jedoch eine Rose ansteckt, sobald er seine ablehnende Haltung der Witwe gegenüber geändert hat. Kurz, ein Spiel mit Motiven, das der an Thomas Mann geschulte Leser goutieren mag, das Lenz aber in seinen späteren Schriften glücklicherweise nicht ganz so eindringlich verfolgt.

Eine weitere Stileigentümlichkeit Lenz', die er bis heute beibehalten hat, findet sich in seinem ersten Roman in gehäufter Form: das Prinzip der Vermenschlichung von Natur (und Objekten). Ein Beispiel von vielen mag genügen: ,,Die Sonne stieg durch das Fenster und setzte sich auf die Schnapsflaschen. Die Sonne war fast überall: sie schien zu gleicher Zeit in Leos Blumenladen und auf Roskows Bartflechte, sie spazierte über den Marktplatz von Pekö, [...] sie zwängte sich in die frisch getünchten Wachstuben hinein und unterbrach den Schlaf eines Korporals der Volksmiliz. Sie klemmte sich in die Visiere der Gewehre, sprang über Gräber, über neue und alte, und das alles unhörbar, geräuschlos, scheinbar ein wenig neugierig, aber harmlos, verspielt, und wie in bester Laune." (10) Diese Anthropomorphisierung holt die Natur in den Bereich des Menschlichen hinein, macht sie verspielt vertraut, heimisch und fügt der Beschreibung einen Hauch Idylle hinzu. Ähnlich werden Abstrakta verdinglicht oder unbelebte Objekte scheinbar mit einem eigenen Willen ausgerüstet. Nicht Stenka scheint Petrucha zu erschießen; die Reflexmäßigkeit seiner Handlung wird in der Verselbständigung von Zeigefinger (am Abschußhahn) und Kugel ausgedrückt (173). Diese Stileigentümlichkeiten rücken Lenz in die Gefolgschaft älterer Literatur, sei es des ,magischen Realismus' eines Stefan Andres, sei es der Jean Paulschen Romantik. Daß solche konservativen Stiltendenzen im Erstwerk so offen zutage treten, ist verständlich; ganz verloren haben sie sich auch in den letzten Büchern von Lenz nicht.

Der Roman ,Es waren Habichte in der Luft' entstand gegen Ende der Vierziger Jahre, als sich sein Autor des ideologischen Drucks der Nazizeit reflektierend bewußt wurde. Gleichzeitig nahm aber auch der Kalte Krieg an Schärfe zu. Die Bundesrepublik hatte sich eben erst etabliert; auf der östlichen Seite die DDR. Die Auseinandersetzung um Berlin hatte kurz vorher im

Abschneiden der Zufahrtstraßen und, als westlicher Antwort, in der Errichtung der Luftbrücke einen Höhepunkt erreicht. In dieser Situation der sich zuspitzenden politischen Auseinandersetzung wischen Ost und West, in einer Zeit, in der Millionen aus dem Osten in den Westen flohen, scheint es kein Zufall zu sein, daß Lenz das Thema Flucht aus einem Staat thematisiert, in dem Jagd auf Intellektuelle gemacht wird und Parteiideologen politische Schulungskurse abhalten. Der Schauplatz ist Karelien kurz nach dem Ersten Weltkrieg – die Transponierung des Geschehens auf deutsche Verhältnisse der Gegenwart liegt nahe. Daß Lenz eine genaue Benennung von Zeit, Ort und Dogmen vermeidet, kommt der Übertragbarkeit entgegen und verleiht dem Geschehen Ubiquität.

‚Duell mit dem Schatten'

Lenz' zweiter Roman, ‚Duell mit dem Schatten' (1953), ist mit gutem Grund sein einziges Buch, das heute nicht mehr im Buchhandel erhältlich ist und, um es gleich zu sagen, wohl kaum neu aufgelegt zu werden verdient.

Ein alter, kranker deutscher Oberst kommt mit seiner Tocher nach Libyen, wo er mit dem deutschen Afrikakorps gekämpft hat, um mit einer alten Schuld ins Klare zu kommen, um sich selbst Rechenschaft über sein Verhalten zu geben. Bei einem Durchbruchsversuch hatte er seinem schwerverwundeten Fahrer Mackenbrandt die Kleider ausgezogen, um sich selbst in sichere Gefangenschaft zu bringen, während er Mackenbrandt dem sicheren Tode auslieferte. Die Suche nach dem Schatten der Vergangenheit endet mit dem Tode des Obersten und mit der Selbstbefreiung seiner Tochter Biggi, der es gelingt, sich von der diktatorischen Kontrolle des Vaters zu lösen und bei zwei hilfsbereiten jungen Engländern, Alaric und Horace, Unterstützung und Sympathie zu finden.

Das Hauptproblem des Buches, wie es auch der metaphorische Titel schon andeutet, ist die Auseinandersetzung des Obersten mit seiner Vergangenheit, mit der Schuld, die er durch sein

Fehlverhalten auf sich geladen hat. Wieder weitet sich, wie in den Worten des Ideologen Aati, der Begriff der Schuld ins Existentielle aus, wenn der Oberst sagt: „Wer geboren ist, ist schuldig; der verdient keine Hilfe." (Ausgabe Hamburg 1953, 127.) Ähnliche Ansichten äußert er des öfteren: „Mein liebes Kind, sagte der Oberst, das Leben ist Zerfall, Verwesung von Anbeginn, und was einen Schoß verläßt, muß riechen." (22) Fatalismus, Akzeptieren der eigenen Situation, selbst der Verzweiflung, ist die einzige dem Menschen offen stehende Möglichkeit: „[...] jeder ist seine eigene Fatalität, und jede Auflehnung dagegen wäre Torheit. Verurteile nicht die Umstände deiner Lage, auch wenn sie dir gar keine Hoffnung lassen. [...] Bescheidenheit, Entsagung, natürliche Unterwürfigkeit: das allein wird dir helfen." (40f.) Das Weltverhältnis des Obersten ist das des Trotzdem, des Aushaltens („Aushalten, das heißt, dem Gleichmut der Welt seinen eigenen Gleichmut entgegensetzen." [18.]). Wieder tritt hier ein negativer Held auf, der scheitern wird, der es nicht schafft, wie Stenka in Lenz' erstem Roman und Hinrichs in seinem nächsten, ‚Der Mann im Strom' (1957).

Mit seiner existentialistischen Philosophie erweist sich der Roman als ein typisches Produkt der frühen fünfziger Jahre, die so bewußt französische Literatur und französisches Denken rezipierten. Es ist kein Zufall, daß Werner Jentsch mit Bezug vor allem auf ‚Duell mit dem Schatten' schreibt: „Hat sich Marcel Proust in verzehrender Sehnsucht ‚auf die Suche nach der verlorenen Zeit' gemacht, so steht Siegfried Lenz im Ringen um die Befreiung von dem Gewicht der verfehlten Zeit."[11] Dabei besteht aber zwischen Lenz' Obersten und der Existenzphilosophie ein Unterschied: Der Oberst, alt, krank, eine Karikatur seines alten Selbst, ein Mann, der sich mit Mühe überhaupt nur auf den Beinen halten kann, der immer wieder sich zwingen muß, physisch zu funktionieren, und der von Männern der Kriegsgräberfürsorge aus Versehen zu den Skeletten geworfen wird, will sich *Rechenschaft* ablegen, will sich endgültig darüber klar werden, ob er faktisch schuldig geworden ist oder nicht. Er hat sich an den Tatort zurück begeben, um sein Gewissen zu erforschen und sich erinnernd vom Druck der Vergangenheit zu befreien. Rechenschaft wird für ihn zum wichtigsten Begriff: „Mein liebes Kind, die wesentlichsten Vorgänge im Leben sind nicht Geburt und Tod, sondern Geburt und Rechenschaft, und erst die Rechenschaft ist die Legitimation zum Tode!" (12; ähnlich 20 und 32) „Damit setzt sich der Oberst und mit ihm wohl auch der Autor von dem Seinsmonismus der modernen Existenzphilosophie ab: Bei Lenz bleibt ein letztes personales, dialogisches Moment. Die Problematik der Rechtfertigung, die Fragwürdigkeit der Schuld, wird von ihm nicht in einer absolut gesetzten Dialektik aufgehoben oder in einen Existenzheroismus eingeebnet. Der Schatten [der Vergangenheit] zieht zur Verantwortung."[12] In seiner Auseinandersetzung mit der Vergangenheit scheitert der Oberst: Er erfährt nicht, was mit Mackenbrandt geschehen war; er wird es nie herausfinden. Seine „Chronologie wird auf ewig unterbrochen und lückenhaft sein". (262) Es ist symptomatisch, daß er zum Schluß nur noch im Kreise herumtaumelt und -kriecht, bis er zusammenbricht. Vergangenheit, so könnte man schlußfolgern, wird nicht ‚bewältigt' durch Aufstellen einer Chronologie von Fakten. Absicht und Wollen, ein feststehender Charakter allein schon können tödlich sein – so wie der Oberst einen eben gefangen genommenen jungen Piloten nur durch eine drohende Geste tötete. „Der Mensch kann sein Schicksal nur in Richtung auf eine Zukunft, auf ein Ziel hin bewältigen: So lautet die Lehre dieses Romans."[13]

In einem anderen Duell muß der Oberst eine noch klarere Niederlage einstecken: in dem Duell um die Kontrolle seiner Tochter Biggi, die, durch einen Sandsturm von ihrem Vater getrennt, von den beiden Engländern Alaric und Horace aufgelesen wird und sich immer mehr von ihnen beeinflussen läßt. Die Engländer hatten ebenfalls an den Kämpfen in Libyen teilgenommen, Alaric hatte sogar den Obersten gefangen genommen und wegen dessen blutbefleckter Uniform schuldhaftes Verhalten bei ihm vermutet. Die jungen Engländer sind Kontrastfiguren zum Obersten, und sie rechtfertigen ihre Reise umgekehrt wie dieser: „[. . .]: wir sind nicht hergekommen, um uns an

Erinnerungen zu wärmen, wir haben beide nichts davon. Mit Erinnerung kann man nichts verdienen. Vergangenheit, kalte Suppe, ist nichts; [...] Entscheidend ist immer die Gegenwart, [...]." (74) Biggi sieht sich zwischen den Vater und die Engländer gestellt, zwischen Vergangenheitsbewältigung und kraftvolle Gegenwartsbejahung, und es gelingt ihr schließlich, sich für immer aus der bedrückenden Gewalt ihres Vaters zu befreien. So wird die Auseinandersetzung zwischen Vergangenheit und Gegenwart gespiegelt in einem Generationskonflikt, bei dem sich die, Gegenwart repräsentierende, jüngere Generation durchsetzt.

Eine andere Figur tritt in der Mitte des Romans hinzu, ein Pole, der nach dem Krieg aus Europa geflohen ist, um in der Wüste zu sich selbst zu kommen. In seinen Worten weitet sich das Buch zur Kultur- und Zivilisationskritik aus: „Ich hatte genug von dem lüsternen Bedürfnis, die Welt zu verändern, ich hatte genug von der Sucht des Westens, die Einsichten seiner Erfinder mit hektischer Hast zu publizieren. Ich konnte es nicht mehr aushalten, daß man plötzlich eine organisierte Jagd auf die letzten Geheimnisse machte. [...] Was publiziert ist, ist schon entwertet, und der Westen ist in dieser Hinsicht süchtig." (206) Dem Westen setzt er den verschwiegenen Osten entgegen. Aber auch im Falle dieses Mannes erweist sich die Gegenwart als stärker denn die Vergangenheit: er verläßt mit den jungen Leuten die Wüste und kehrt nach Europa zurück.

Als die beiden Männer der Kriegsgräberfürsorge am Schluß den toten Oberst finden und seinen Körper auf ihren Lastwagen heben, sagt der eine: „Ich wußte doch, daß der hierher [d. h. zu den Toten] gehört. Er hat sich nur verspätet." (294) Mit diesem makaber-ironischen Kommentar schließt das Buch. Der Oberst hat sein Duell verloren, genauer gesagt: das mit der Vergangenheit und das mit seiner Tochter, der neuen Generation. Der Titel erweist sich somit als doppeldeutig.

Die Kritik an diesem Roman muß mit dem Stil beginnen, der sich allzu künstlich bemüht, exotisches Lokalkolorit zu geben. Ferner operiert Lenz hier mit gesuchter Pathetik; Ausruf reiht sich an Ausruf, wobei es zu unglaubhaften Übertreibungen kommt. Ein Beispiel mag genügen: ,,Nackte, verbrannte Öde, seltenes Salzgestrüpp; Stille: glühend und zeitlos, blanke Ewigkeit; verloren, verloren; sengender Wind; wann stürzt der Kranich mit brennenden Flügeln vom Himmel? Staub wacht auf; wälzt sich im Schleppnetz des Sogs, sucht nach Spalten und Ritzen, gasschwadenfein. Alle Stunde ein Mensch am Horizont, oder ein Zelt; einsamer Hirte: sprachlos, steif und zerlumpt; die zerlumpte Zeitlosigkeit.'' (11) Es mag dem Leser überlassen bleiben, diese Sätze auf ihre innere Logik hin zu analysieren. Fragen wir: Wer oder was ist verloren? Woher kommt plötzlich hier ein Kranich? Wer fragt danach? Warum die Vermenschlichung des Staubs (Vermenschlichungen von Objekten und Abstrakta sind wieder typisch für den Roman), der dann – in der Wüste! – mit einem Bild des Fischfangs und dann des Gaskriegs beschrieben wird? Was ist unter ,,zerlumpter Zeitlosigkeit'' zu verstehen? Hier wird mit heterogenen Bildern gespielt, die die Vorstellungskraft des Lesers hin- und hergezerrt, um ein Klischee zu beschwören. Auch der Oberst spricht eine unrealistisch-literarische Sprache. Er redet seine Tochter an: ,,Du bist in einem Alter orgiastischen Stoffwechsels, dein Körper ist ein biologisches Dickicht; durch mich aber regnet es schon hindurch.'' (20) So spricht niemand. Genauso unglaubhaft und lächerlich wirkt der Oberst, wenn er immer wieder die Engländer fragt, ob sie ,,den Spiegel zerbrochen'' haben (z. B. 129, 220) – gemeint ist Biggis Jungfräulichkeit –, eine Metapher, die die Angesprochenen zunächst auch nicht verstehen. Daß ein alter Oberst so zimperlich über Sexuelles spricht, nimmt man Lenz nicht ab. Sicherlich hat er gut daran getan, den tierischen Ernst des Obersten mit der jungenhaften Frische der Engländer zu kontrastieren. Aber müssen wirklich junge Engländer als naiv-albern beschrieben werden, muß wirklich einer von ihnen (Horace) ein Pferdegesicht haben? Müssen sie zu sportlichen Jungmannesidealtypen werden ([...] sie fand Horace ernst, stark und gut.'' 225)? So wird ein Klischee durch ein anderes ergänzt, das prinzipienreitende gebrechliche Alter durch die gegenwartsbejahende, kraftvollge-

sunde Jugend. Um es auf eine kurze Formel zu bringen: Mit
‚Duell mit dem Schatten‘ ist Lenz in gefährliche Nähe des ober-
flächlich-platten Illustriertenromans gekommen.

‚Der Mann im Strom‘

Mit dem Roman ‚Der Mann im Strom‘ (1957) beginnt sich
thematisch und stilistisch eine zweite Schaffensphase Lenz' ab-
zuzeichnen.[14] Lenz ist hier weniger radikal als in seinen ersten
beiden Romanen in der Darstellung der Bedrohung des Menschen durch eine Ideologie bzw. der Selbstzerfaserung der Existenz. Dargestellt in einem sachlichen Ton des *understatement,*
lokalisiert in einer großen deutschen Hafenstadt – gemeint ist
offensichtlich Hamburg –, spielt sich folgendes Geschehen ab:
Hinrichs, ein alter Taucher, fälscht das Geburtsdatum in seinen
Papieren, um wieder Arbeit zu bekommen. Aufgrund seiner
Erfahrung ist er erfolgreich bei der Hebung von Wracks im
Hafenbecken, aber die Fälschung wird erkannt, und er verliert
seine Stelle. Damit verbunden ist die Geschichte seines Verhält-
nisses zu seinem Sohn Timm und der Tochter Lena, die von dem
jungen Taugenichts Manfred ein Kind erwartet. Es gelingt ihr
aber, Manfreds Charakter zu durchschauen und sich von ihm zu
lösen. Manfred weiß von Hinrichs' Fälschung und droht ihm
damit; er ertrinkt aber als unerfahrener Taucher bei dem Versuch, Batterien aus einem gesunkenen U-Boot zu bergen.

Das Hauptthema des Romans ist das Problem des alternden
Arbeitnehmers, der in der modernen Leistungsgesellschaft allzu
leicht zum ‚alten Eisen‘ geworfen wird. Wie aus folgender Äußerung deutlich wird, hat das Buch nur in der Situation des
wirtschaftlichen Aufschwungs Westdeutschlands geschrieben
werden können und ist als Kritik dieses Aspekts des Wirtschaftslebens gemeint, kurz: als unverhüllt zeitkritischer Roman: ,,Es
begann eigentlich mit einem Ärgernis", sagte Lenz in einem
unveröffentlichten Interview mit der ‚Zeit‘,[15],,Ich sah – und sehe
noch überall –, wie schwierig es heute für den älteren Menschen
ist, sich einen Arbeitsplatz zu verschaffen, besonders wenn er

27

neu anfängt. Im Gegensatz dazu werden junge Leute über Gebühr bevorzugt ... Das Wirtschaftswunder hat anscheinend weder Bedarf für ihre Erfahrung noch für ihre Arbeitskraft. Darin liegt ja nicht nur persönliche Tragik des einzelnen, sondern eine sehr schwache Stelle unseres ganzen organisierten Wirtschaftslebens."

Als Hinrichs mit der Rasierklinge sein Geburtsdatum im Taucherbuch wegkratzt, wird er von seinem Sohn Timm beobachtet. Er verteidigt sich, indem er die Einstellungspraktiken charakterisiert: „Sie brauchen überall Leute heutzutage, sie können nicht genug bekommen, aber sie wollen alle nur jüngere haben. Den Jüngeren brauchen sie weniger zu zahlen, das ist das Entscheidende. Wenn sie einen Alten einstellen, dann müssen sie ihm mehr geben, dann können sie ihm weniger sagen, und vor allem wissen sie nicht, wie lange ein Alter noch bei ihnen bleibt. Bei einem Alten ist zuviel Risiko, der rentiert sich nicht genug. Du kannst dir nicht vorstellen, wie das ist, wenn man zum alten Eisen geworfen wird." (dtv-Ausgabe, 10) Dies Thema des Alt-Seins zieht sich durch den ganzen Roman und wird leitmotivartig mit Varianten ständig wiederholt (z. B. 17, 21, 49). Auch seiner Tochter Lena gegenüber, die durch Manfred von seiner Urkundenfälschung erfahren hat, muß sich Hinrichs verteidigen: „Wenn du heute nicht jung bist und Zinsen garantierst mit deiner Jugend, dann bist du nicht viel wert, dann taugst du nur so viel wie das Zeug, das hier herumliegt, wie diese Wrackteile. [...] Es gibt heute ein gewisses Alter, wo du es dir nicht leisten kannst, arbeitslos zu werden. Du wirst nie etwas wiederfinden, denn mit einem Alten, den man neu einstellt, will sich niemand mehr belasten." (130) Ganz läßt sich der Vorwurf allzu aufdringlicher Didaktik nicht von der Hand weisen. Das Problem wird zu oft und zu deutlich expliziert. Gelungen ist aber die gedankliche Verbindung, die Assoziation, die Lenz zwischen dem Altersproblem Hinrichs' und seiner Tätigkeit herstellt: Hinrichs hebt alte Wracks (vgl. auch 11, 73). Das große Wrack, das die Tauchfirma schließlich nur mit Hinrichs' Erfahrung und Ideen – er dichtet ein großes Bombenleck mit einem als Patsch benutzten Schiffsboden ab – hebt, wird identisch mit dem alten Taucher: es sinkt nicht ab, es hält sich (148). Hinrichs selbst vergleicht sich mit diesem untergegangenen Schiff in dem letzten Gespräch mit seinem Chef, als seine Fälschung herausgekommen ist und er weiß, daß er gehen muß: „Aber wer alt ist, Chef, und neu anfangen will, der kann sich gleich zum alten Eisen werfen lassen. Das hätte ich mir überlegen müssen. Ich komme mir jetzt selbst vor wie das Wrack, das wir gehoben haben. Ich habe mir ein Patsch vorgesetzt, ich habe mein Alter fein abgedichtet und bin noch einmal aufgeschwommen. Ich hätte mir überlegen müssen, daß bei allem nur ein Schrottpreis drin ist, daß das Wrack aus dem Hafenbecken verschwindet, damit neue Schiffe anlegen können. Es muß Platz gemacht werden, und das verstehe ich, Chef." (154 f.)

Um seine Kritik an den Einstellungspraktiken heutiger Firmen zu rechtfertigen, muß Lenz den Wert des erfahrenen Arbeiters demonstrieren. Er tut dies einmal, indem er Hinrichs den allseits gelobten und schließlich auch erfolgreichen Einfall haben läßt, das große Wrack mithilfe des Patsches intakt zu heben, wodurch er seiner Firma viel Zeit und Geld spart. Er setzt sich damit jüngeren Tauchern gegenüber durch, die für eine Sprengung eintreten. Nicht zufällig war es auch sein alter, erfahrener Vorgänger, der schon einmal dieselbe Idee gehabt hatte (125). Auch umgekehrt tritt Lenz den Beweis an: Manfred kommt bei dem Bergungsversuch von Batterien aus einem U-Boot um, weil er mangels Erfahrung eine unzureichende Ausrüstung benutzt.

Manfred wird zur negativen Kontrastfigur zu Hinrichs, und zwar nicht nur im Hinblick auf berufliche Erfahrung, Beherrschung des Taucherhandwerks, sondern auch in charakterlicher Hinsicht. Hinrichs ist ein ehrlicher Arbeiter, der seine Papiere fälscht, um arbeiten zu können, sich so nützlich zu machen und für seine Kinder zu sorgen. Manfred und seine Freunde brechen nachts in das Lager der Tauchfirma ein, um Buntmetalle und Batterien zu stehlen, also ohne Arbeit zu einem leichten Amüsierleben zu kommen. Hier weitet sich das Thema des Alterns zur Kritik an einem falschen zeitgenössischen Jugendideal aus, wobei der Vater-Tochter-Konflikt in den Hintergrund tritt. „All den jungen Herren geht es heute nicht schnell genug", sagt Hinrichs mit Bezug auf Manfred, der bei ihm eine Taucherlehre begonnen und wieder aufgegeben hat, „sie wollen nicht lernen, sondern gleich etwas sein und eine Menge Geld verdienen. Sie sind alle etwas Besonderes heute und kommen sich sehr aufgeweckt vor und sehr überlegen. Und sie wissen alle genau, was sie verlangen können, und weil man ihnen große Versprechungen macht, und weil man ihnen die Arbeit nachwirft und sie nur zu wählen brauchen, deshalb glauben sie, wer weiß was wert zu sein." (27) Manfred und seine Freunde werden deshalb als dekadente Halbstarke beschrieben. Die Kritik an diesem fragwürdigen Typ der Nachkriegszeit droht etwas simplifizierend und platt zu werden, aber Lenz gelingt es, diese Gefahr dadurch einzudämmen, daß er Hinrichs im Umgang mit den Jugendlichen irrational und voller Vorurteile handeln und sprechen läßt.

Die Zeitkritik weitet sich aus und bezieht das ganze moderne Leben mit ein: Eine große Zeitung der Stadt ruft zu einer Freundschaftskampagne auf mit Werbesprüchen wie *„Sei gut zu Deinem Nächsten"* (13), läßt von „propren Jünglingen" (23) an Passanten Blumen verteilen vor einem pilzförmigen Stand mit der Devise *„Jeder ist Dein Nächster – sei gut zu Ihm!"* (23). Hinweise auf diese Werbekampagne kehren leitmotivartig im ganzen Roman wieder, ähnlich wie Bölls *„Vertrau dich deinem Drogisten an!"* in ‚Und sagte kein einziges Wort', Devisen, die im Kontrast zur Härte der modernen Arbeitswelt stehen. Oder: die schwangere Lena bleibt kurz vor ihrem Selbstmordversuch vor einem Schaufenster stehen und betrachtet die gestellte Feierabendszene einer Familie: „[...] der Junge hielt ein Stofftier auf dem Schoß und grinste mit starrer Andacht zu seiner größeren Puppenschwester hinauf, die ihm aus einer Zeitung vorlas, und hinter ihnen saß das schön frisierte Elternpaar am Tisch, und Vater hatte die gleiche Zeitung aufgeschlagen und las der feinsinnig grinsenden Mutter vor – Feierabend, traulich und grinsend." (55) Der Kontrast des hohlen Bildes zur Wirklichkeit ist ähnlich groß, wenn auf derselben Seite Polizisten eine Katze vor dem Ertrinken retten. Die Implikation ist offensichtlich: in einer Zivilisation, in der man Katzen mehr Aufmerksamkeit und Mitgefühl entgegenbringt als verzweifelten Menschen, stimmt etwas nicht.

Den Kontrast als Strukturprinzip verwendet Lenz auch in jener Szene, als die Regierungsbarkasse bei einer Rundfahrt mit einem afrikanischen Kaiser (Haile Selassie?) an dem öligen Hafenbecken voller Wracks und Trümmer vorbeifährt. Daß der schwermütige Monarch mit dem Erdnußgesicht Lena und Hinrichs' Freund Kuddl je eine Münze mit seinem Bild schenkt und daß beide, symbolisch einander die Münzen gebend, schließlich andeutungsweise zusammenkommen, rückt dieses Konstrastspiel in die Nähe des Gemeinplatzes.

Diese überdeutliche Symbolik sowie die anfängliche Liebesromantik zwischen Lena und Manfred – sorgloses Verschwenden der letzten paar Mark, Spazierengehen im Regen unter einem Mantel – lokalisieren den Roman zeitlich in den fünfziger Jahren und machen ihn an dieser Stelle zu ehrlich-sentimental. Solche verhaltene Sentimentalität, kombiniert mit der Sympathie für das in Hinrichs und Kuddl vorgestellte Ideal des hart Arbeitenden und das kleine Glück im trauten Heim, ja selbst die sehr allgemeine Zeitkritik lassen noch weiter zurückdenken an die Romane der zwanziger und frühen dreißiger Jahre, an die Romane von Hans Fallada, Hermann Kesten und Erich Kästner, die gern unter dem literarhistorischen Begriff der Neuen Sachlichkeit zusammengefaßt werden. In Thematik, Ethos und seinem einfachen, biederen Erzählstil steht ‚Der Mann im Strom‘ im späten Gefolge dieser Literatur. Dennoch: Daß es Lenz als einem jungen Autor hier gelungen ist, das Problem des älteren Mannes in der heutigen Leistungsgesellschaft so überzeugend darzustellen, erlaubt es, diesen Roman als gelungen zu bezeichnen.

Es ist bemerkenswert, daß es in der deutschen Literatur so wenige Sportromane gibt. In Amerika haben sich die Unterhaltungsliteratur und der Film längst des Massenphänomens Sport angenommen; in Deutschland hingegen trauen sich sehr wenige Schriftsteller die Sachkenntnis zu, die zum Schreiben eines Sportromans gehört. Oder ist etwa in Deutschland die noch immer fortlebende Trennung von Literatur und Bildung einerseits und der Unterhaltung, also auch dem Sport, andererseits hierfür verantwortlich? Lenz gehört zu einer Schriftstellergeneration, für die eine derartige Scheidung nicht mehr existiert, die im Gegenteil Breitenwirkung anstrebt und sich mit den wichtigsten Erscheinungen der Gesellschaft auseinandersetzt. Er ist sich darüber im klaren, daß Sport, Arbeitswelt, Politik und Erziehung dabei eine Hauptrolle spielen, daß die Gestaltung der Freizeit einer Großzahl der Bundesbürger vom Sport bestimmt ist, daß Sport mindestens so stark das Bewußtsein prägt, mindestens soviel Gesprächsstoff der männlichen Bevölkerung abgibt wie z. B. die Politik. Deshalb folgert er: ,,Wer zum Verständnis der modernen Gesellschaft gelangen will, kommt – so scheint mir – ohne Berücksichtigung des Sports nicht mehr aus; denn die Arenen der Welt sind zu Spiegeln geworden, in denen sich vieles abbildet: die Wünsche, Ehrgeize, die Hoffnungen und Sehnsüchte der Zeitgenossen, aber auch ihre Leidenschaften, Neurosen und Hysterien, ihre Räusche und Ansprüche.‘‘[16] Lenz nimmt also die Sportwelt zum Thema, weil sich hier in konzentrierter, besonders offener Form Verhaltens- und Fehlverhaltensweisen von Menschen deutlich machen lassen. In ,Brot und Spiele‘ steht aber nicht primär das Publikum im Mittelpunkt – obwohl auch ihm am Zeuge geflickt wird –, sondern ein Sportler, ein Läufer namens Bert Buchner. Warum ausgerechnet ein Läufer? Warum kein Speerwerfer, Kugelstoßer, Boxer oder Ringer? Lenz selbst beantwortet diese Frage in einer Stellungnahme zur Entstehungsgeschichte des Romans: ,,Seine Spezialdisziplin mußte alle anderen Disziplinen umfassen, sie mußte über den Sport hinausweisen, und so dachte ich an den Lauf, bzw. ich versuchte mir vorzustellen, welche Anlässe es für den Lauf geben kann. Und immer wieder kehrte ich zu demselben Motiv zurück: die Beute, die um ihr Leben lief, und der Verfolger, der lief, um der Beute habhaft zu werden. Und ich dachte, daß im Grunde ein Lauf im Stadion ja den Ernstfall versinnbildlicht: den Lauf ums Leben. Ein Diskuswerfer oder Stabhochspringer – sie hätten, bei allem Respekt vor den technischen Schwierigkeiten ihrer Disziplin, nicht die Hauptfigur sein können, da ihr Metier zu wenig auf den Ernstfall verweist. Es mußte ein Läufer sein."[17]

Die symbolische, auf das ganze menschliche Leben verweisende Qualität des Laufs war es also, die Lenz bewog, einen Sportroman über einen Läufer zu schreiben, und dieser Verweisungscharakter wird in der Art der Darstellung dadurch evident, daß die Reportage eines Laufs mit dem Leben des Läuferhelden durchblendet wird. Das Leben wird als Lauf erzählt, der Lauf synchron als Leben beschrieben, so daß sich beide, Darstellung des Laufs und rückblendende Beschreibung des Lebens, am Ende treffen: Die Niederlage in diesem von einem früheren Freund, einem Sportjournalisten, beschriebenen Zehntausendmeterlauf ist gleichzeitig auch die menschliche Niederlage; das Ende seiner Läuferkarriere ist das Ende seines Strebens als Individuum. Vor der Kulisse des Stadions, den ehemaligen Freund vor Augen, erinnert sich der Sportjournalist an die Anfänge seiner Freundschaft mit Bert Buchner im Kriegsgefangenenlager, wo ihm dieser seine Desertion, den ersten Lauf vor den Verfolgern, gesteht und die notwendige Tötung seines Freundes Viktor, dem er versprochen hatte, ihn nicht lebend in die Hände der Verfolger fallen zu lassen. Der Erzähler erinnert sich, wie er Buchner eines Tages im Hafen wiedertrifft, wo dieser dann bei einer Veranstaltung des einfachen, aber ehrlich begeisterten Hafensportvereins mitläuft, gewinnt und gefördert wird, wie er seine Förderer verläßt und für den eleganten Klub SV Viktoria startet, von dem er zum Geschäftsführer eines Sportgeschäfts gemacht wird und deren Vorstandsmitgliedern er Frauen und

Geliebte ausspannt. Thea, die Braut aus dem Hafensportverein, bleibt verlassen zurück. Von Zeit zu Zeit gehen der Erzähler und Bert Buchner zusammen angeln, und der Erzähler warnt, erinnert Buchner vergeblich an seine Absicht, Veterinärmedizin zu studieren, Schluß zu machen auf dem Höhepunkt seiner Karriere. Buchner wird korrupt, arrogant, überwirft sich mit seinen reichen Förderern, startet wieder für den Hafensportverein und läuft nun seinen letzten Lauf, dem er, zu alt, nicht mehr gewachsen ist: Kurz vor dem Ziel stolpert er und bricht zusammen. Ein Ziel, eine Zukunft gibt es für Bert Buchner nicht mehr. Sein Scheitern als Läufer und als Mensch ist endgültig: das einzig angemessene Ziel für seinen korrupten Charakter.

Wieder schildert Lenz die Probleme des Alterns, diesmal an einem Mann, der für seine Karriere als Sportler zu alt geworden ist. Und wieder schildert Lenz den Fall, das Scheitern eines Mannes, und nicht den Erfolg eines Helden. Schon im ersten Satz ist der Schluß vorweggenommen: ,,Diesmal wird er nicht gewinnen.‘‘ (dtv-Ausgabe, 7) und bald darauf: ,,Ja, er ist alt, zu alt für diesen Lauf, und er sieht schon jetzt wie der Verlierer aus, ehe der Start erfolgt ist.‘‘ (7) Mehrfach betont der Erzähler die Zwangsläufigkeit in Bert Buchners Leben, die notwendig zum Fall, zum Scheitern führen mußte: ,,Auch die Geschichte hatte damals ihren Mittagspunkt erreicht‘‘, heißt es fast genau in der Mitte des Romans, ,,Berts Geschichte; wir waren an eine Stelle gelangt, von der aus nichts mehr rückgängig gemacht werden konnte, der Schluß sich voraussehen oder sogar bestimmen ließ [...].‘‘ (89, ähnlich 116.)

Der Erzähler hat seit der Zeit im Kriegsgefangenenlager eine Art Vater-Funktion Bert gegenüber, ist der ,,geborene Zuhörer‘‘ (134) und sieht sich schließlich als ,,Zeuge‘‘ (163 f.). Er will, daß Bert Buchner seinen letzten Lauf verliert, nicht nur aus einem Gerechtigkeitsgefühl und aus dem Wissen um die notwendigerweise zeitlich begrenzten Erfolge eines Läufers und seiner Popularität, sondern weil er glaubt, daß nur eine Niederlage Bert helfen und zum Bewußtsein seiner Fehler bringen kann. „Sollen sie ihn nach den letzten Runden stehen lassen wie ein Denkmal!" wünscht er sich einmal während des Laufs, „Sollen sie ihn so weit hinter sich lassen, daß er das Gefühl hat, in Bleischuhen zu stecken wie ein Taucher! Vielleicht wird er dann endgültig lernen, daß es auf unsere Verzichte ankommt; [...]." (97; vgl. auch 149 u. 133.) Denn das ist einer der Hauptfehler Buchners: er will siegen und er braucht schließlich das Siegen und den Beifall der Zuschauer wie der Süchtige die Drogen (120). Er kann nicht aufhören, kann nicht akzeptieren, daß seine Karriere zu Ende geht. Sein anderer Fehler ist der, daß er den Sport, das „freie Spiel" (166), zweckentfremdet. Er will seine Läuferkarriere dazu benutzen, um auch sozial zu arrivieren. Er will mit ihr der Armut entkommen („Ich hasse die Armut, es gibt nichts, was ich so sehr hasse." [55]) Seine Läufe für den Verein SV Viktoria will er sich auf irgendeine Weise bezahlen lassen und gibt sich deshalb als Geschäftsführer des Sportgeschäfts großzügige Vorschüsse, bis er deswegen seine Stelle verliert und aus dem Verein ausgeschlossen wird. Und seine Erfolge als Amateursportler am Wochenende verwechselt er mit menschlichen und gesellschaftlichen Erfolgen; er wird arrogant und überschätzt sich maßlos. Der ältere Freund, der Erzähler, sieht dies, versäumt aber, es auch Bert Buchner in aller Klarheit zu sagen: „Er [Buchner] berief sich auf seine Leistung, die bestenfalls außer Konkurrenz zählte, an Sonntagen, oder doch nur so lange, bis die Zeitungen, die darüber berichten, zu den Fischhändlern wandern, als Packpapier. König für die Dauer eines Wochenendes – weiter sind sie nichts. Wie schwer muß es sein, sich damit abzufinden! Und wie natürlich die Täuschung, daß das, was für das Wochenende gilt, auch an den anderen Tagen gelten müßte..." (135). Mit sportlichem Ruhm läßt sich kein Leben sichern; und das Publikum jubelt dem Sportler nur zu, solange er siegt, und keinen Augenblick länger.

Das Publikum ist aber zu einem guten Teil für diese Selbsttäuschung des Sportlers verantwortlich. Das Publikum setzt auf einen Sportler, identifiziert sich mit ihm, rechnet sich in dieser Identifizierung eine Chance aus (31) und will sich im Sieg seines

Favoriten bestätigt sehen. Sobald das Publikum von einem Sportler enttäuscht wird, läßt es ihn fallen, vergißt es ihn von einem Tag auf den anderen wie all seine anderen früheren Lieblinge. ,,Immer noch sind sie [die Zuschauer] gewohnt, bei seinem [Bert Buchners] Anblick an Sieg zu denken", heißt es gleich zu Anfang, ,,Aber wenn er verliert – er wird, er muß verlieren –, was werden sie tun, wenn er sie enttäuscht? Werden sie ihn vergessen wie Ritola, wie Kuscozinski? Ah, sie werden ihn vergessen, schnell und unwiderruflich, [...]." (10) Nichts hat sich daran geändert seit den Tagen der römischen Gladiatoren, die sich zur Unterhaltung des Publikums in der Arena von hungrigen Raubtieren zerfleischen ließen. Für Lenz sitzen die eigentlichen Raubtiere auf der Tribüne. Das Beifallsgeschrei ist für ihn das gierige Brüllen hungriger Bestien: ,,[...]: wie ein Raubtiergeschrei ... Raubtiere auf gutem Sitzplatz, leidend unter dem Gewicht unerträglicher Erwartung. Immer die gleiche Erwartung, das alte Bild: [...]. Das gleiche Bild, das alte Verlangen, um sich selbst wiederzufinden mit seinen Chancen, nichts anderes, nichts mehr, nur: Brot und Spiele ... Einer muß siegen für uns, und wenn er untergeht, gehn wir mit ihm unter – vorübergehend, bis der nächste kommt, dem wir alles zuschanzen, damit er für uns handelt ..." (166 f.). Nicht zufällig ist die formelhafte Forderung aus römischer Zeit zum Titel des Romans geworden. Darin liegt die Kritik am heutigen Sportbetrieb, an der Erniedrigung des Sportlers zum Mittel der Erfüllung animalischer Instinkte der Zuschauer, an der inhumanen Selbstdegradierung der Zuschauer zu einer blutrünstigen Claque, die sich nicht frei an der Leistung des einzelnen freut, sondern eigene Wünsche und Träume stellvertretend erfüllt sehen möchte, die sich selbst als Sieger fühlen will.

Das Publikum trägt ein Gutteil Schuld an Bert Buchners Selbsttäuschung. Schuld tragen auch die Vereine, die Freunde und Förderer, die ihn begeistert umworben und ihm Beifall gespendet haben. Bert Buchner beging den Irrtum, diesen Beifall für eine Art Lebensversicherung zu halten (170). So weitet sich der Roman aus zur Zeitkritik, der Kritik am Teufelskreis des Sportbetriebs, zu dem Publikum, Vereine, Förderer und der Sportler gehören.

Aber ganz so leicht läßt sich Bert Buchner nicht freisprechen. Nicht allein das Milieu bestimmte sein Versagen, auch sein Charakter ist dafür verantwortlich. Es war nicht allein der Beifall der Zuschauer, der ihn korrumpierte, sondern auch eigene Skrupellosigkeit und eigenes Fehlverhalten. Sobald er glaubte, sich eine begehrte Stellung in der Sportwelt errungen zu haben, verließ er den Hafensportverein, der ihn, den Unbekannten, mit Begeisterung aufgenommen und gefördert hatte, verließ er auch die mütterliche Thea, seine Verlobte, die Tochter der Vereinsvorsitzenden. Schnell lebte er sich in dem mondänen SV Viktoria ein, einem Verein, der mehr ein Vorwand zum geselligen Beisammensein seiner reichen Mitglieder ist, wo Rechtsanwälte und Geschäftsleute eine Partie Tennis spielen und im gepflegten Klublokal speisen. Hier leistet man sich einen Bert Buchner, weil es dem Klub einen seriösen Anstrich gibt, zur Legitimierung des eigenen Lebensstils. Die Zeitkritik in der Beschreibung dieses Vereins ist fast zu grell. Nicht zufällig heißt er SV Viktoria – Viktor hieß der Freund, dem Bert Buchner auf dessen eigenen Wunsch hin auf der Flucht das Bajonett zwischen die Rippen stieß. Der Sinnabfall des Namens ist offensichtlich. Der SV Viktoria wird verkörpert von Männern wie dem „Amüsierdoktor" Uwe Gallasch, der die Kunden einer Fabrik für Fischverarbeitungsmaschinen durch Amüsierausflüge aufmuntert – Lenz wird die Gestalt in seiner Kurzgeschichte ‚Der Amüsierdoktor' wieder verwenden – und dessen Frau Carla, mit der Bert ein Verhältnis hat. Ihr schamponierter Hund ist symbolisches Gütezeichen der Dekadenz. Bert Buchner lädt Schuld auf sich, wenn er als Folge seines Verwechslungsirrtums Geld veruntreut und wenn er seinen Gegner Dohrn für immer ausschaltet, indem er ihm den Dorn seiner Laufschuhe in die Ferse stößt, ein heimtückischer Anschlag, der als bedauerlicher Unfall getarnt erscheint. Nur der Erzähler hat den verlängerten Schritt Berts genau gesehen und sich für immer von ihm distanziert. Von nun an kann er dem Läufer nur noch wünschen, daß er verliert.

Der Weg bergab wird von symbolischen Vordeutungen und Personifizierungen des Geschehens begleitet: Da ist der schöne, gemein aussehende Alf, ein kleiner Halunke, den Bert zu seinem Freund macht, eine Verkörperung seines anderen, negativen Ichs; da ist die berechnende, gelangweilte, verwöhnte, Pfefferminzplätzchen kauende Carla Gallasch, Kontrast zur plumpehrlichen Thea. Ehrlicher Sport wird von dem alten ,,Turnvater'' Lunz verkörpert, der an einer Abhandlung über den Marathonlauf arbeitet. Er ist der einzige, für den sich Bert selbstlos einsetzt, indem er ihn verpflegt und mit Medikamenten versorgt. Bedeutungsvoll verliert er den Lauf gegen den Tod, als er an das Sterbebett des alten Mannes gerufen wird und zu spät kommt. Im Kontrast zu Lunz' Versuch, das Wesen des Marathonlaufs zu verstehen, steht Berts Mitwirken bei einem Kulturfilm über den Marathonlauf, der am Ostseestrand neben Badenden und schwimmenden Gummitieren abgedreht wird, Dekadenz und geschäftlich-propagandistische Nutzung von Sport und klassischem Sportverständnis verdeutlichend.

Herbert Lehnert hat zuerst auf die Bedeutung der Fischsymbolik in diesem Roman hingewiesen, durch die ebenfalls das fortschreitende Verhängnis und moralische Verderben Bert Buchners versinnbildlicht wird.[18] Immer wieder wird Bert Buchner mit dem Erzähler fischend vorgestellt; immer wieder ist das gemeinsame Angeln auch Gelegenheit zur Aussprache und Mahnung durch den Erzähler. In der Weite der See fangen sie gemeinsam Makrelen, ,,während die gefangenen Makrelen *in erschütternder Gier nach Luft rangen gleich einem zermürbten Läufer* [S. 40], – das Forellenfischen in einem süddeutschen Fluß: *Hochwasser, Strudel und kreisende Äste* [S. 70], schon hier hat die Geschichte *ein Gefälle erreicht* [S. 163], – dann der Teich, wo sich der große Hecht an der Pfahlangel fängt, das letzte warnende Gespräch: *,Du solltest dich entscheiden, Bert, solange noch Zeit ist'* – *,Ist noch Zeit?'* [S. 120]; [...] schließlich der Gang über den morastigen Boden des Fischteichs, dessen Wasser abgelassen wurde, [...].''[18] Bert Buchner selbst ,,ist der an der Pfahlangel gefangene Hecht, der einen anderen im Magen hat, selbst ein

Symbol für Bert Buchners verlorene Freiheit".[19] Und schließlich der große Hecht im abgelassenen See, der sich todesgierig in der hölzernen Handprothese des Erzählers verbissen hat (155); auch er hat sich getäuscht, und sein Irrtum war tödlich. An Thea wird immer wieder das Fischhafte ihres Mundes betont (z. B. 25), und als Bert am Schluß auf der Aschenbahn zusammengebrochen ist, „schlägt [er] schwach hin und her und krümmt sich wie ein gespießter, an den Grund gespießter Fisch" (173).

Der Sturz im Stadion war durch vordeutende Todesboten und Todesmotive angezeigt worden: einen alten Mann, der den Freunden von einer legendenhaften Forelle erzählte (72), ein Stück Teerpappe, das der Wind abgerissen hat und in das Stadion schleudert: „Wie ein riesiger schwarzer Falter, der zu Tode getroffen ist, fliegt es über die Bahn" (166), und schließlich einen Mann mit einer schwarzen Augenklappe (167), der gleich darauf am Ziel erscheint. Das Wort „Tod" erscheint jetzt auch mehrmals in den Bemerkungen des Reporters. Derartige Hinweise sind nicht zu übersehen.

Immer wieder tauchen leitmotivartig in Anspielungen Elemente griechischen Sportverständnisses auf, in kurzen Bemerkungen läßt Lenz eine Art historisch-philosophische Theorie des Sports einfließen. Der Ursprung des Sports ist für den Erzähler die Jagd, das Gehetztsein des Wildes, das dem Jäger erliegt, wenn es nicht schnell genug ist (22). Auch für Bert Buchner lagen die Anfänge seiner Sportlerlaufbahn im Gejagtwerden durch Verfolger. Im klassischen Griechenland lief man um Preise; heute läuft man gegen die Uhr, läuft man um Rekorde, die jeden Versuch nur noch mörderischer machen (49). Für Bert Buchner jedoch zählt immer noch der Ursprung des Sports, das Gejagtwerden; immer noch fühlt er sich bei jedem Lauf an die Verfolgung erinnert, an die Tötung Viktors, und da liegt auch für den Erzähler sein Problem begraben, die Frage nämlich, ob Gehetztsein, unmenschliche Anstrengung letztlich im Lauf dieselbe Leistung hervorbringen wird wie Sport als freies Spiel: „Was aber, wenn die Todesangst nicht soviel wert ist, wie er glaubt? Wenn das freie Spiel größere Leistungen hervorbringt als der Ernstfall, und Berts geheime Strategie eine Täuschung war? Ich glaube nicht an die Fähigkeiten, die uns die Todesangst leihen soll ..." (166) – Berts Zusammenbruch beweist, daß die Zweifel des Erzählers berechtigt waren. Sieger sind Athleten mit normalen Berufen, die Sport nebenbei betreiben, aus Freude am Sport, am freien Spiel. So fügt Lenz seinem Roman andeutungsweise eine Theorie der Geschichte des Sports ein und versucht zu zeigen, was Sport sein und was er nicht sein sollte, was Sportvereine sein können und was sie oft leider sind.

Der Roman ist ohne Absetzen und ohne Absatz erzählt, so daß die Erzählform genau dem Lauf entspricht, der erzählt wird, ja so daß der Lebenslauf mit dem letzten Lauf Bert Buchners identisch wird. Daß der Erzähler ein Freund Bert Buchners war, ist wichtig, weil das sein Wissen erklärt; daß er sich von ihm gelöst hat, ist notwendig, weil das ihm die kritische Distanz verschafft, die Voraussetzung dafür ist, daß er dieses Leben und diesen Menschen interpretierend beschreiben kann. Denn der Erzähler sagt durchaus nicht alles, was er weiß, vielmehr nimmt er eine subjektive Auswahl vor: ,,Der Plan, seine Geschichte zu beschreiben: Auf der Brücke entstand zum ersten Male der Plan, das Leben eines Läufers zu erzählen, Runde für Runde, es soll Berts Leben sein, sein Lauf ums Leben, und ich werde es beschreiben, weil ich gezwungen bin, ihn zu verstehen und mich zu verstehen. [...] Der Punkt des Anfangs ist bestimmt und mit dem Anfang auch das Ende. [...] ich brauche das Ende nicht abzuwarten, und ich brauche mich vor allem nicht an die gewohnte Reihenfolge zu halten, vielmehr nur an eine Folge der Ereignisse, wie sie für mich Bedeutung hatte, und wenn ich das tue, wird das Ende, das einzig mögliche Ende, immer anwesend sein ..." (164f.) Subjektive Auswahl unter dem Gesichtspunkt der Notwendigkeit des Sturzes, des Falls; keine genaue Chronologie der Ereignisse, sondern ihre Darstellung wie immer sie in die Geschichte vom Aufstieg und notwendigen Fall des Läufers Bert Buchner hineinpassen. Das wird möglich gemacht durch die filmischen Rückblenden, die die zurückliegenden Szenen vor dem inneren Auge des Erzählers abrollen lassen. Leitmotivisch weist der Erzähler immer wieder auf die Notwendigkeit des bevorstehenden Verlierens hin, obwohl er sich manchmal auch von dem dramatischen Gegenwartsgeschehen im Stadion gefangen nehmen läßt und doch zweifelt, ob nicht unter Umständen der Sieger Bert Buchner heißen könnte (48, 62, 93, 97). Der Erzähler erzählt in der Sprechsprache des Zeitungsreporters, einer Sprechsprache, die schnoddrig, ironisch, pathetisch, zögernd werden kann, die sich besinnt, mitten in einem Erinnerungssatz in das Geschehen der Gegenwart überspringt und Gedanken oft nicht zu Ende führt. Mit einer Sachkenntnis, die man bei Lenz nur bewundern kann, erzählt der Sportreporter die Geschichte seines Freundes, des Läufers, der sich noch einmal zu einer letzten großen Anstrengung aufbäumt und dessen letzter Lauf „zum Resümee seines Lebens, zum Sinnbild seiner Hoffnungen und Enttäuschungen" wird (Klappentext der dtv-Ausgabe).

Ein technisch versierter, gut konstruierter und flüssig geschriebener Sportroman, der heute genauso aktuell ist wie im Erscheinungsjahr (1959), könnte man meinen. Doch an einer Stelle wird diese überzeitliche Modellhaftigkeit durchbrochen, und zwar wenn im Hafensportverein der Dentist Bötefuhr auftritt, der dauernd das Wort „Abendland" im Munde führt: „Wenn er den Mund aufmachte, fiel ihm das Abendland raus, sein Abendland kotzte mich an, und natürlich hatten für ihn ‚nur wir Deutschen den abendländischen Sinn des Sports erfaßt'." (29) Als Bötefuhr zu reden anfängt, steht der Erzähler auf und geht zur Toilette. Er zieht Bert mit: „Er [Bötefuhr] war so erstaunt, daß ich schon dachte, es werde ihm nichts mehr einfallen. Aber er fand zurück. ‚Das Abendland' fiel ihm Gottseidank noch ein, wir hörten es, als wir friedlich vor der verkratzten Wand des Pissoirs standen ..." (34) Die Kritik an der Ende der fünfziger Jahre grassierenden Abendlandpropaganda, mit der auf eine Vereinigung Europas hingearbeitet wurde, ist offensichtlich. Wenn hier jedoch diese Formel ‚zur Toilette geschickt' wird, muß man sich fragen, ob dieser Seitenhieb notwendig war. Heute jedenfalls legt er ein hervorragendes Buch unnötig zeitlich fest.

,Stadtgespräch'

,,Zeugnisse einer dritten Schaffensphase" nennt Klaus Günther Just die beiden nächsten Romane von Lenz, ,Stadtgespräch' (1963) und ,Deutschstunde' (1968). Hier würden Grundthemen, die der Schriftsteller in seinen beiden ersten Romanen kraftvoll angeschlagen und in den nächsten beiden auf gedämpfte und verdeckte Weise variiert und intensiviert habe, miteinander kombiniert.[20] Das stimmt sicherlich hinsichtlich der in ,Stadtgespräch' vorgestellten extremen Situation; es stimmt hinsichtlich des ,Helden', der eher passiv als aktiv ist, und es stimmt auch, wenn man das Thema der Rechtfertigung individuellen Verhaltens in der Vergangenheit als wesentlich ansieht, womit sich unstreitig Parallelen zu ,Duell mit dem Schatten' ergeben. In ,Stadtgespräch' (und in ,Deutschstunde') ist es wieder die Vergangenheit des Dritten Reiches, die eine Rolle spielt, aber mit einer Zuspitzung aufs Parabelhafte, auf die Frage von Schuld und Unschuld einer ganzen Stadtbevölkerung, wie sie Lenz vorher nicht behandelt hat. Widerstand gegen eine Diktatur im Ausland ist das Thema von ,Stadtgespräch' – Mitmachen oder passiv-geistiger Widerstand gegen die Diktatur in Deutschland ist das Thema von ,Deutschstunde'. Das bindet beide Romane zusammen. Darüber hinaus sind Parallelen zwischen ,Stadtgespräch' und dem Hörspiel bzw. Drama ,Zeit der Schuldlosen' offensichtlich.

Der Ort des ersten der beiden Romane ist ein nordisches Land, das von einer feindlichen Macht besetzt ist. In einer kleinen Stadt an einem Fjord hat sich der Widerstand organisiert, dessen Anführer Daniel, ein ehemaliger Student, ist; der jüngste Mitkämpfer ist der junge Tobias Lund, der Sohn des Stadtarztes und Erzähler der Geschichte. Daniel und seine Leute versuchen, einen alten General gefangen zu nehmen, der die Stadt besuchen will, doch der Anschlag mißlingt: der General entkommt, und

Daniel wird schwer verwundet. Nur mit größter Anstrengung kann er in das Lager in den Bergen gebracht und können die Verfolger abgelenkt werden. Der Stadtkommandant läßt daraufhin 44 Geiseln festnehmen, unter ihnen auch den Vater des Erzählers, der in seiner Jugend als ausländischer Student im Haus des Kommandanten gewohnt hat. Daniel soll sich stellen, so heißt die Forderung, dann würden die Geiseln entlassen. Die Bürger der Stadt versuchen ohne Erfolg, ihre Mitbürger durch einen Bittgang freizubekommen. Auch daß sie selbst einige Soldaten der Besatzungsmacht gefangen nehmen und als Geiseln benutzen, nützt nichts. Da Daniel sich auf Betreiben der anderen Widerständler nicht stellt, werden die Geiseln im Steinbruch vor der Stadt erschossen. Später kommt der Machtumschwung: Die Besatzungsmacht wird besiegt, die Truppen in der Stadt werden vom Widerstand gezwungen, sich zu ergeben; der Kommandant erschießt sich. Das Stadtgespräch hat begonnen, das Gespräch über Daniel: ob er sich hätte stellen sollen, sich überhaupt hat stellen wollen, ob seine Verwundung echt oder nur vorgetäuscht war. Tatsachen werden in der Erinnerung unsicher, verwischt, umgewertet, verzerrt. Was in der Vergangenheit richtig war, ist nun fragwürdig, wird im Gericht des Biertisches zerredet und bezweifelt. Daniel ist aus der Gesellschaft der Stadt ausgestoßen, geächtet. Als sich der Vater einer der Geiseln auf ihn stürzt und ihn verwundet, wird er von Daniel erstochen; doch Daniel flieht aus dem Gefängnis, um die Geschichte aufzuschreiben, um sich zu rechtfertigen, so wie Tobias Lund die Ereignisse nach bestem Wissen und Gewissen aufgezeichnet hat.

In dem Klappentext der dtv-Ausgabe heißt es: ,,Er [Lenz] macht deutlich, daß es keine Moral gibt, die für sich beanspruchen kann, in dieser Ausnahmesituation eine schnelle Antwort bereit zu haben." Das deutet auf das inhaltlich-gehaltliche Kernproblem des Romans, die Frage, ob sich Daniel stellen soll, darf oder nicht. Bewußt hat Lenz schon im ersten Satz die faktische Lösung dieses Konflikts vorweggenommen: ,,Und wenn Daniel sich gestellt hätte?" (dtv-Ausgabe, 5.) Die oberflächliche Spannung ist damit absichtlich eliminiert und auf die moralische

Entscheidungsproblematik zurückgelenkt: Darf sich der Widerständler stellen und damit den Widerstand zum Erliegen bringen? Lassen sich 44 Leben gegen eins aufrechnen? Darf man der
Erpressung eines Gewaltregimes nachgeben? Ist die Bewahrung
des widerstehenden Freiheitsgeistes wichtiger als eine ganze
Reihe von Menschenleben Unschuldiger? Ist nicht der Widerständler für sie verantwortlich? Lenz macht sich und uns die
Beantwortung dieses Fragenkomplexes nicht einfach, aber letztlich schlägt er sich doch auf die Seite des Widerstands. Oder,
genauer gesagt, er weicht mit einer Theorie der Relativität der
Wahrheit aus, mit einer Theorie der Augenblicksethik: Was zu
einem bestimmten Zeitpunkt wahr und richtig ist, wird später
nicht unbedingt mehr als richtig erscheinen. Deshalb kann die
Rechtfertigung einer bestimmten Verhaltensweise nur durch die
erinnernde Dokumentation, durch die möglichst genaue Auf-
zeichnung der Ereignisse vollzogen werden.

Daniel als individuelle Person wird dabei unwesentlich. Gewiß erfahren wir einiges über sein Herkommen: Er ist der Sohn
eines Böttgers und hat seinen Vater früh verloren; er war der
Lieblingsschüler des Rektors der Stadt, der ihm ein Stipendium
für die Universität verschafft hat, und er hat ein Verhältnis mit
Petra, der Schwester des Erzählers Tobias Lund, aber abgesehen
davon bleibt Daniel schemenhaft blaß, ohne genaue Konturen.
Er handelt nicht, sondern wird nach dem mißglückten Anschlag
zu Beginn der Geschichte zur Reaktion gezwungen, und das
heißt hier zur Passivität, zum Leiden im Bewußtsein, daß die
eigene Bewahrung die Aufopferung vieler bedeutet. Daniel ist
keine Person mehr, sondern Verkörperung des Widerstandsgeistes der Stadt gegen die Gewalt: ,,[...] dein [Daniels] Name",
schreibt der Erzähler, ,,[...] war die Lebensformel der besetzten
Stadt, von der Ermutigung ausging, Widerstand, Starrsinn. In
diesem Namen verbanden sie sich, hoben sie ihre Hoffnungen
auf, [...]. DANIEL: das war jeder in der Stadt, der sich nicht
abgefunden hatte, der sich auflehnte nach Möglichkeit oder
doch seine Auflehnung träumte." (31 f.) Daniel ist also Expo-
nent, Verkörperung des Widerstandsgeistes; er nimmt fast my-

thische Signifikanz an, wobei seine individuell-kleinbürgerlichen Züge und Ursprünge unwesentlich werden. Aufgrund dieser Stellung ist seine Entscheidung auch keine individuelle mehr, vielmehr muß sie die eigene Repräsentationsbedeutung berücksichtigen. So ist Daniels erste Reaktion auf die Nachricht von der Geiselnahme, sich zu stellen. Ihn bewegt die Verantwortung für die 44, seinen Kameraden zu entfliehen, um die Unschuldigen mit seiner eigenen Person einzulösen. Erst Torsdag, ein Funktionär des nationalen Widerstandes, überzeugt ihn von seiner Pflicht, den Tod der anderen zu erdulden: „‚Ihr wißt, daß er sich nicht stellen darf‘, sagte Torsdag, ‚das ist das einzige, was wir verhindern müssen. Wenn wir es zulassen, verleugnen wir alle unsere Opfer. Wir geben alles auf, woran wir bisher geglaubt haben. Wenn wir erlauben, daß Daniel sich stellt, ist nichts mehr gerechtfertigt: nicht unser Kampf, nicht unsere Leiden. [...] Und wieder Petra mit überlegener Ruhe: ‚Aber er hat sich doch selbst dafür entschieden, er tut es freiwillig.‘ – ‚Daniel kann es sich heute nicht mehr leisten, unabhängig zu handeln‘, sagte Torsdag schnell, ‚was er tut, tut er nicht allein in seinem Namen: das haben wir zu bedenken‘.“ (102) So wird in Torsdags Worten die individuelle Entscheidungsfreiheit des Widerstandkämpfers, ausgesprochen durch Petra, zurückgewiesen: Wer sich dem Widerstand anschließt, verzichtet auf Ansprüche seiner eigenen Person. Er lebt nur noch für den Widerstand und muß in dessen Sinn handeln.

Das Problem, ob sich Daniel stellen soll oder nicht, wird auch zum Thema einer großen grundsätzlichen Diskussion, die der Vater des Erzählers und ein Geistlicher in ihrem Gefängnis, einem Schuppen, führen, belauscht von dem jungen Erzähler (79ff.). Wieder werden Gründe für Daniels Verhalten aufgeführt, wird der gewaltsame Widerstand und seine moralische Problematik diskutiert. In diesem Gespräch, in dem Dr. Lund zum Sprachrohr Lenz' wird, spitzt sich die Problematik des Romans am schärfsten zu. Dr. Lund: „Es gibt nichts, Kaplan, was das Leben von vierundvierzig Männern aufwiegen könnte: keine Idee, kein Prinzip, keine allgemeine Wahrheit. Übrigens glaube ich nicht an Wahrheiten an sich; ich glaube nur an die jeweilige Wahrheit, der ich gegenüberstehe, die mich in die Knie zwingt. Daniel ist der einzige, der mich und viele andere an die Wahrheit dieses Augenblicks erinnert. Ihm verdanken wir, daß die Erinnerung an das, was in den ersten Tagen der Besatzung geschah, bestehenbleibt. Sein Name bezeichnet die Wirklichkeit, in der wir leben – eine Wirklichkeit, die ihm selbst überlegen ist und der er dennoch verneinende Antworten gibt. Aber das ist wahrscheinlich nicht das Wichtigste. Dadurch, daß sich einer empört, zwingt er uns zumindest zum Vergleich und erinnert uns daran, daß der Zustand der Rechtlosigkeit nicht das Normale ist. Durch seine Auflehnung ermutigt er uns aber auch, zu erproben, wieviel wir können. Und damit, Kaplan, habe ich Ihnen gesagt, was diese Stadt verliert, wenn Daniel sich stellt: es handelt sich nicht allein um Daniels Leben, sondern um den Glauben an die Auflehnung." (82) So sind in diesem Gespräch das Entscheidungsproblem Daniels und seine Folgen zusammengefaßt.

Lenz geht davon aus, daß Daniels Entscheidung die richtigere und schwerere war: Daniel muß sich in Zukunft vor den 44 Toten rechtfertigen. So sagt Dr. Lund: „Ja, Kaplan, ich halte es für leichter, den eigenen Tod auf sich zu nehmen, als sich mit dem Tod seiner Nächsten einverstanden zu erklären und mit dieser Last weiterzuleben." (80) Daniels Weiterleben wird also zum Opfer, man möchte weiterführen, so wie Christi Tod ein Opfer war. Daß eine derartige Gedankenverlängerung nicht ganz willkürlich ist, wird im Roman angedeutet (156 f.).

Aber der Titel des Buches spielt nicht auf Daniels schwere Entscheidung an, sondern auf das Stadtgespräch, das sich an diesen Ereignissen entfaltet und nie mehr zum Verstummen· kommen soll. Sobald die Geiseln in Haft genommen sind, beginnt sich jedes Gespräch in der Stadt um Daniel zu drehen (80), und es spitzt sich zu, als die Geiseln erschossen sind und die Bitte der Bevölkerung laut wird, die Toten begraben zu dürfen. Tobias, der Erzähler, urteilt richtig, wenn er bei sich denkt: „ ,Nun beginnt es, nun werden sie überall ihre Urteile fällen, die Ergebnisse ihrer Abstimmung vorbringen, ihr unerschöpfliches Gespräch in der Stadt wird nun bei der Frage enden: Ja oder Nein? Nun erst werden wir zu hören bekommen, was wirklich geschehen ist'." (143) Die Szene wird zum Tribunal, wie das Wort „Urteil" in diesem Zitat schon andeutet. Die Einwohner der Stadt urteilen und verurteilen schließlich Daniel aus einer verzerrten Erinnerung heraus. Der junge Tobias Lund, der auch früher schon in den Augen der Widerstandskämpfer mehr die Funktion eines Zeugen als die eines Mitkämpfers hatte und als solcher apostrophiert wird (51, 70, 74, 132), wird gegen Ende des Romans für die Stammtischrunde der Stadthonoratioren tatsächlich zum Zeugen in einer Art improvisierten Gerichtsverhandlung über Daniel (195 f.). In Daniel findet die Stadt nun ihren Sündenbock für das eigene Versagen, einen Verantwortlichen, obwohl man damals, als es darauf ankam, selbst schwieg (185, 196 f.). Die Stadt hat Daniels Bereitwilligkeit, den Widerstand zu führen, gern angenommen, solange von ihr nicht verlangt wurde, selbst daran teilzunehmen. Sie hatte es vorgezogen, neutral zu bleiben, und da liegt ihre Schuld: Neutralität gegenüber einer Diktatur, will Lenz mit dem Roman sagen, „ist keine legitime Möglichkeit, und durch ihr [der Stadt] kollektives Handeln oder Nichthandeln übernimmt sie eine kollektive Schuld, die von jedem einzelnen vor seinem eigenen Gewissen anerkannt werden muß. Mit dem Versuch, alle Schuld zu leugnen, wendet sich die Stadt gegen Daniel und zerstört ihn, ihren Sündenbock."[21] Jeder muß die Wahrheit einer Lage anerkennen und den moralischen Anforderungen nachkommen, die diese Lage stellt. Sich hinter einem nutzlosen Kodex abstrakter Begriffe oder hinter kollektiver Neutralität zu verstecken, ist Feigheit. Unschuld in einer Welt von Schuld ist nicht möglich. In diesem Thema berührt sich der Roman eng mit dem Hörspiel bzw. Drama ‚Zeit der Schuldlosen'. –

Gleichgültigkeit herrscht also auf Seiten des satten Nachkriegsbürgertums, das bequem Daniel die Schuld in die Schuhe schieben will. Gegen diese Gleichgültigkeit will Daniel kämpfen, indem er *seine* Version des Geschehens niederschreibt, indem er sich durch das Erzählen der Ereignisse rechtfertigt (201). Ob ihm diese Rechtfertigung gelingen wird, wissen wir nicht, denn seinen Bericht bekommen wir nicht zu lesen: Es bleibt dem Leser überlassen, ihn aus dem Bericht des Tobias Lund zu erschließen, zu antizipieren. Lunds Erzählung ist jedenfalls bewußt als Ergänzung zu einem dem Leser nicht bekannten Bericht Daniels geschrieben, das ganze Buch ist ein einseitiger ‚Dialog‘ mit dem nicht antwortenden Daniel. Immer wieder redet der Erzähler Daniel an, bittet ihn, seinen, des Erzählers, Bericht zu korrigieren, zu verbessern, aus seiner Warte zu ergänzen. Er verteidigt seinen eigenen Bericht gegen mögliche Einwände und andere Interpretationen Daniels und bemüht sich um Übereinstimmung mit ihm; oft ist er unsicher, und manchmal korrigiert er sich selbst. Was ist wahr? Diese Frage wird nicht nur im Buch selbst im Sinne einer Situationsethik beantwortet, sondern auch im Hinblick auf die Erzählbarkeit einer Geschichte. Das Erzählen einer Geschichte ist subjektiv, die erzählte Wahrheit ist eine subjektive Wahrheit, denn ein Erzähler kann nur aus seinem eigenen begrenzten Blickwinkel erzählen; einen allwissenden Erzähler gibt es nicht mehr. Schon durch die Auswahl der erzählten Begebenheiten wird das Erzählte subjektiv (10), durch das Erzählen wird sich keine einfache Lösung ergeben. Eine Geschichte wie diese hört nie auf: ,,Wenn Christoph [einem der Widerstandskämpfer] damals gelungen wäre, was wir ihm zugedacht hatten [die Tötung des Stadtkommandanten], dann hätte unsere Geschichte eine neue Möglichkeit gehabt, sie wäre einem anderen Zwang gefolgt und hätte damit bestätigen können, daß kein Geschehen und keine Erzählung an ihr einziges Bett gebunden sind wie der Fluß, sondern immer die Neigung haben, sich von sich selbst zu entfernen. Jede Geschichte hat ihr Delta mit vielen Mündungen und Möglichkeiten, und weil auch unsere Geschichte verzweigt und unentscheidbar ist, werden wir sie fortwährend zu wiederholen haben.‘‘ (71) Ein einzelner Erzähler ist nicht imstande, eine Geschichte voll und ganz zu erzählen. Daniel allein kann sich nicht rechtfertigen, sondern braucht die Bestätigung durch Tobias Lund als Zeugen:

„Eine Geschichte sollte zumindest zwei Erzähler haben", meint Lund, „ich denke dabei an doppelte Buchführung, an doppelte Wahrheit; mit Müdigkeit hat das nichts zu tun." (183) So wird der Roman zur Explikation und Verteidigung einer Erzähltheorie, die nicht gerade neu und originell ist, die vielmehr schon in den endfünfziger Jahren ins Bewußtsein deutscher Autoren drang. Uwe Johnsons ‚Mutmaßungen über Jakob' erschienen schon 1959. Lenz kam mit seiner Erzählerreflektion also schon etwas spät. Auch wäre es gut gewesen, wenn der Leser bereits am Anfang erfahren hätte, warum Lund erzählt – Sicherung der Vergangenheit, des Erlebten gegen subjektives Zerreden (198) –, und nicht erst am Schluß; so wirken die Bemerkungen, die sich auf den Erzählvorgang beziehen, allzu refrainartig und umständlich. „Stünde das vorn!" schreibt mit Recht Werner Weber, „Es wäre klar, was die Erzählung des Tobias und was ihr so steter wie umständlicher Bezug auf die Erzählung des Daniel bedeutet – aber dann wäre auch die ganze Machenschaft nicht mehr nur ärgerlich, sondern schlicht langweilig. Neben dem einen Thema (welches Opfer ist richtig? dasjenige des Einen oder dasjenige der Vierundvierzig?) erschiene auch das andere ohne Umschweife in seiner nicht eben großen Originalität: Ist ein Sachverhalt mitteilbar? Wie und unter was für Bedingungen wird er im Gespräch entstellt? – Diesem Thema ist Siegfried Lenz im Roman ‚Stadtgespräch' nicht gewachsen."[22]

Aber auch abgesehen von dieser Kritik an dem gekünstelten Versteckspiel mit dem Leser geht die Kritik mit dem Schriftsteller scharf ins Gericht: Es ist vor allem das Gespräch zwischen dem inhaftierten Dr. Lund und dem Kaplan, an dem man sich stört, ein Gespräch, das für das Verständnis des moralischen Kernproblems so wichtig ist. Für ein philosophisches Gespräch ist die Unterredung zu oberflächlich, für einen Dialog in dieser Situation zu unrealistisch. „Populärphilosophische Intermezzi" nennt Günther Busch derartige Abschnitte, „Traktätchenstücke mit Goldprägung; Binsenweisheiten über Wahrheit, Leben, Tod und die Zukunft des Menschengeschlechts; Konfessionen, in denen Sittlichkeit, Anstand und Würde gepredigt, aber nicht gestaltet ist". In Dr. Lund und dem Kaplan unterhielten sich nicht „zwei Figuren, sondern zwei Pappkameraden. Da unterhalten sich Allgemeinplätze, hochstilisierte Platitüden liefern sich langwierige Scharmützel.[23] Tatsächlich heißt es etwa bei Lenz im Dialog: „Wer sich mit unserer Lage abgefunden hat, mein Verehrter, wird einen unverhofften Zuwachs an Versöhnlichkeit feststellen. Jetzt erst, in dieser Befristung, hat unsere Gegenwart ihre volle Schärfe erreicht." (83) Oder: „ [...] ich bin auf das Äußerste gefaßt. Einmal kommt eben der Augenblick, in dem man auch an die zweite Möglichkeit denken muß, und die gibt uns meistens keinen Grund zum Lachen. Wir müssen mitunter bereit sein, ein Unglück vorzeitig zu erkennen, denn nur durch Gewißheiten geben wir der letzten Frist einen Wert. Obwohl sich unser Herz dagegen sträubt, dürfen wir ihm keine Gewißheit vorenthalten." (79)

Das ist gedanklicher Kitsch, wie er dem heutigen Lenz wohl kaum noch durchgehen würde. Er ist bedingt einerseits durch die Zeit, in der das Buch entstand, eine Zeit, in der sich die deutsche Literatur noch eifrig an ‚allgemein-menschlichen' Grenzsituationen erfreute, andererseits durch die zu gewollte Parabelhaftigkeit des Romans, Lenz' Schwäche. Durch die beabsichtigte Modellhaftigkeit des Geschehens und des Konfliktes wird das Buch zu sehr zum Gedankenspiel mit einer Reihe von Figuren. Was dem Drama ‚Zeit der Schuldlosen' noch durchgehen mag, ist in einem Roman mit scheinbar realistischem Hintergrund nicht mehr akzeptabel.

Aber noch ein anderer Mangel ist festzustellen: Lenz sagt nicht ‚Norwegen', ‚deutsche Besatzung' und ‚Drittes Reich', aber er meint es, und mit der angestrebten historischen Übertragbarkeit drückt er sich vor der Realität. „Kann ein deutscher Autor eine norwegische Widerstandsgeschichte schreiben, und zwar so, daß er gleichsam aus der Haut eines Norwegers spricht?" fragt sich Werner Weber, „Siegfried Lenz wird einwerfen, es gehe nicht um norwegischen Widerstand, nicht um deutsche Besatzung; es gehe um eine datumfreie moralische Frage [...]. Kann man aus einer sehr besonderen Katastrophe ein sehr allgemeines Beispiel machen? Der redliche Siegfried Lenz spürt die Schwierigkeit. Aus ihr kommt das große Zögern in sein Erzählen; aus ihr die Sprache, welche gekennzeichnet ist durch Flucht in den Edelton."[24]

Das Reflektieren über Erzählprobleme, die Konstruktion einer Grenzsituation, Bemühen um Parabelhaftigkeit, Übertragbarkeit, eine moralische Kernfrage, moralisierende Dialoge und eine gewisse Pathetik, das sind die Elemente, die den Roman schon Anfang der sechziger Jahre für die Kritik antiquiert erscheinen ließen. Fünf Jahre später sollte es Lenz mit ‚Deutschstunde' gelingen, diese Mängel zu beheben, einen atmosphärisch genauen Roman zu schreiben, der das Wesen des Nationalsozialismus in einem nur scheinbar unwesentlichen Konflikt aufdeckt.

‚Deutschstunde'

Die Diskussion um den Neonazismus in Deutschland, speziell um Verbot oder demokratische Duldung der NPD von Thaddens war gegen Ende der sechziger Jahre von größter Aktualität, und Lenz selbst griff in diese Diskussion ein, indem er sich in einem Zeitschrifteninterview für ein Verbot der NPD aussprach.[25] Die Gründe für diese Stellungnahme des Schriftstellers werden deutlich, wenn man Lenz' ‚Deutschstunde', einen der größten deutschen Bucherfolge nach 1945, nicht als gut erzählten Heimatroman und nicht nur als historisch-psychologischen Roman interpretiert, der die ‚deutsche Seele' nach spezifischen Gründen für die Anfälligkeit für Hitler und seine Partei auslotet, sondern als ein Buch, das die Prädisposition der Deutschen zur Pervertierung positiver Qualitäten ebenso eindringlich in der Gegenwart der Bundesrepublik vor Augen stellt, als einen Roman, der nicht nur, wie z. B. ‚Die Blechtrommel', den Erfolg des Hitlerismus in der Anfälligkeit des Kleinbürgertums nachweist, in Enge und Muff der Gemüsekrämer und kleinen Beamten, sondern der das Fortwirken gleicher Fehlurteile und geistiger Strukturen und damit derselben Anfälligkeit auch nach dem Kriege demonstriert.

Die Deutschstunde, die hier dem Siggi Jepsen, einem jungen Bilderdieb und Insassen einer Hamburger Jugendhaftanstalt, als Strafarbeit verschrieben wird, gilt genauso für den Leser, und wie Siggi Jepsen seine Selbstbesinnung nicht völlig abschließen kann, wird und soll auch der deutsche Leser mit dem Buch nicht ohne weiteres fertig werden, soll *er* in Selbstbesinnung *seine* Strafarbeit genauso nachsitzend vollziehen wie Siggi Jepsen, der nach eigenem Urteil stellvertretend für seinen Vater (sprich: die Vätergeneration) eingesperrt ist, ,,weil keiner sich traut, dem Polizeiposten Rugbüll eine Entziehungskur zu verordnen; [...].'' (dtv-Ausgabe, 400)

Die Handlung ist fast unscheinbar zu nennen, der Konflikt scheint fast akademischer Natur im Vergleich zu den Massentötungen des Dritten Reichs, doch wird ebensoviel Charakteristisches über Deutschland und die Deutschen ausgesagt wie z. B. in Peter Weiss' dokumentarischem KZ-Drama ,Die Ermittlung' (1965): Während des Dritten Reichs überbringt der Polizist Jepsen in Rugbüll, dem ,,nördlichsten Polizeiposten Deutschlands'', seinem Jugendfreund, dem Maler Max Ludwig Nansen, – sie stammen beide aus Glüserup – ein staatlich verordnetes Malverbot, dessen Einhaltung er, Jepsen, in Zukunft zu überwachen hat. Während Jepsen von Nansen verlangt, daß er ihm durch strikte Einhaltung des Verbots seinen Auftrag leicht macht, verlangt Nansen von dem Polizisten, daß dieser ein Auge zudrückt, damit er seinem selbstgegebenen Auftrag: zu malen, nicht untreu zu werden braucht. Beide berufen sich auf ihre, die innere bzw. äußere, Pflicht. Nansen malt und Jepsen konfisziert und zerstört mit hellseherischer Wachsamkeit. Seine ,Pflichterfüllung' steigert sich zu einem Wahn, der auch *nach* dem Kriege nicht aufhört, sondern ihn weiterhin die Bilder Nansens aufspüren und zerstören läßt. Zwischen beiden Männern steht Jepsens Sohn Siggi, der zum Zeitpunkt der Handlung (1943) zehn Jahre alt ist. Vom Vater zu Spitzeldiensten angehalten, entscheidet er sich im Gewissenskonflikt bald für den ihm sympathischeren

Maler, warnt ihn und bringt gefährdete Bilder in Sicherheit; er entwickelt gar einen dem Vater entgegengesetzten Wahn, der ihn auch nach dem Kriege Bilder „in Sicherheit bringen", sie gegebenenfalls aus Galerien stehlen läßt. Als Bilderdieb gefaßt und in einer Erziehungsanstalt auf einer Elbinsel (etwa Hahnhöfersand) eingeliefert, gibt er ein leeres Heft ab, als er im Deutschunterricht des Dr. Korbjuhn einen Aufsatz über das Thema „Die Freuden der Pflicht" schreiben soll. Zu viele Gestalten, zu viele Begebenheiten drängen sich ihm auf, als daß er einen Anfang finden könnte. In vielmonatiger, selbstverlängerter Strafarbeit holt er das Versäumnis nach, ohne zu einem klärenden Ergebnis zu kommen. Er wird wegen guter Führung entlassen in ein Leben, für das der jetzt Einundzwanzigjährige (1954) noch kein Ziel kennt.

Das Milieu stimmt, die Landschaft stimmt, die Topographie ist imaginär: Rugbüll wird man auf der Landkarte vergeblich suchen, auch wenn es nicht weit von der oft erwähnten größeren Stadt Husum zu finden sein müßte. Deich, Marsch, See, Warften, Strandhafer, Möwen, die Bauernhäuser Schleswig-Holsteins bestimmen das Bild. Eine karge, düstere, wenig farbenfrohe Landschaft, in der Lenz seine Handlung ansiedelt, die er mit genauem Realismus so stimmungsmäßig richtig beschreibt, wie es seit Theodor Storm selten in der deutschen Literatur geschehen ist. Auch kommt eine Malergestalt in den Sinn, auf die das Malverbot paßt, von deren Schicksal vieles übernommen ist: Emil Nolde, der mit bürgerlichem Namen Emil Hansen hieß, wie Lenz' Nansen ein Expressionist, der sich nach langem Aufenthalt in München, Paris, Kopenhagen und Dresden und nach einer Ostasienreise nach Seebüll zurückgezogen hatte. Auch die einzelnen im Roman beschriebenen Bilder Nansens sowie seine Kunsttheorie entsprechen Bildern und Anschauungen Noldes, der im August 1941 ein periodisch, wenn auch großzügig überwachtes Malverbot erhielt und nun vor allem kleinere Aquarelle, seine „ungemalten Bilder" malte – wie im Roman Nansen seine „unsichtbaren Bilder". Lenz selbst hat darauf hingewiesen, daß er mit den Vornamen der Romangestalt Nansen (Max Ludwig) auch auf viele andere verfolgte Künstler habe hindeuten wollen, so auf *Max* Beckmann oder Ernst *Ludwig* Kirchner.[26]

Der Kernkonflikt im Roman ist der der beiden Pfichtauffassungen, wie sie von den Hauptkontrahenten, dem Polizisten Jepsen und dem Maler Nansen, verkörpert und in ihren Zusammenstößen formuliert werden. Im Hintergrund steht deutsche Geistesgeschichte von 200 Jahren, in der der Begriff der Pflicht entwickelt wurde und in der seine Bedeutung sich vom moralischen und ästhetischen Begriff in Richtung auf eine oberflächlich interpretierte staatsbürgerliche (Un-)Tugend verschob. Kant und Schiller stehen am Anfang dieser Entwicklung: Kant mit seiner im kategorischen Imperativ zusammengefaßten Pflichtethik, Schiller mit seinem Versuch der Versöhnung von Pflicht und Neigung in Begriffen wie der ,,schönen Seele" und dem ,,Erhabenen". Im Hintergrund steht auch die mit den preußischen Königen des 18. Jahrhunderts beginnende Anwendung des Begriffs auf das Verhältnis des Untertanen, speziell des Beamten, dem Staat gegenüber, der im Zuge der Hegelschen Staatsvergottung des 19. Jahrhunderts immer absolutere Züge annimmt. Daß der aufklärerische preußische Staat des 18. Jahrhunderts einmal die verbrecherischen Züge des Nazistaates annehmen würde, so daß Pflichterfüllung einem *solchen* Staate gegenüber zum Verbrechen werden konnte, war in der Theorie der absoluten Pflichterfüllung nicht vorgesehen, wurde aber zu einem Kern des deutschen Verhängnisses, indem durch diese Pflichtauffassung ein individuelles kritisches Bewußtsein der Staatsgewalt gegenüber unterdrückt und der Hitlerstaat durch ein ‚pflichttreues' Beamtentum und Heer unterstützt wurde. Indem Lenz also die blinde Anwendung eines für das deutsche staatsbürgerliche Bewußtsein eminent wichtigen Begriffs in Frage stellt und in seinen verheerenden individuellen Auswirkungen selbst beim kleinsten Beamten zeigt, versucht er eine der Hauptursachen für den Erfolg des Nationalsozialismus in Deutschland bloßzulegen.

Der Polizeiposten Rugbüll, und mit dieser Funktionsbezeichnung wird der Polizist Jepsen fast ausschließlich apostrophiert, ist die Verkörperung dieser absoluten Pflichtauffassung, die sich bei ihm zum Wahn(sinn) steigert. Als Mensch ist er gar kein so übler Kleinbürger, ein Mann, der gerne Unmengen von Heringen verschlingt, der eher von seiner spröde-mißlaunigen Frau dazu getrieben wird, seinen Jüngsten (Siggi) zu züchtigen, als daß er es aus eigenem Antrieb täte, ein Mann aber, der sich völlig mit seinem Amt identifiziert, dessen Figur sich strafft, sobald er Uniform und Koppel anlegt, der abgehackte Sätze knarrend im Unteroffizierston telefoniert und sich an Befehlswortlaute hält, ohne nach innerem Sinn und Berechtigung zu fragen. Daß etwas in Berlin verfügt worden ist, genügt ihm (67); Befehl ist Befehl, oder, so lautet Jepsens verhängnisvolles Argument Nansen gegenüber: „Ich tue nur meine Pflicht, Max." (68) Ein persönlich unsicherer Untertan, der sich hinter Vorschriften verschanzt, der in der verabsolutierten Beamtenethik endlich etwas hat, woran er sich glaubt halten zu können. Und da er sich so ganz mit seinem Auftrag identifiziert, muß er jedes Widerstreben des Malers, jeden geheimen Pinselstrich als persönliche Beleidigung auffassen (152). Seine Pflichtethik um jeden Preis führt dazu, daß er seine eigene Familie ruiniert, wenn er den älteren Sohn Klaas, der sich selbst verstümmelt hat, um dem Wehrdienst zu entgehen, und nun flüchtig ist, der Gestapo übergibt. In einem grotesken Familiengericht über Klaas wird dieser symbolisch aus der Familie ausgeschlossen; sein Name darf nicht mehr genannt werden. Pflicht gilt für Jepsen so absolut, daß er die Warnungen des einarmigen Briefträgers Okko Brodersen vor einem Wandel von Zeit und Regime in den Wind schlägt mit dem Hinweis: „[...]; ich frage nicht, was einer gewinnt dabei, wenn einer seine Pflicht tut, ob es einem nützt oder so. Wo kommen wir hin, wenn wir uns bei allem fragten: und was kommt danach? Seine Pflicht, die kann man doch nicht nach Laune tun oder wie es einem die Vorsicht eingibt, [...]." (260) Und als er seine Verfolgung der Bilder Nansens auch nach dem Kriege noch weitertreibt, verteidigt er sich seinem Sohne gegenüber damit, „daß einer sich treu bleiben muß: daß er seine Pflicht ausüben muß, auch wenn die Verhältnisse sich ändern; ich meine eine erkannte Pflicht". (326) So hat sich die Pflicht des Beamten verabsolutiert zu einer individuellen Besessenheit, zum starren Wahn, die Wahrheit zu besitzen.

Nansen greift den Pflichtbegriff Jepsens mehrfach an. „Du weißt, Max, wozu ich verpflichtet bin", sagt Jepsen, „Ja, sagte der Maler, ja, ich weiß, und damit du es genau weißt: es kotzt mich an, wenn ihr von Pflicht redet. Wenn ihr von Pflicht redet, müssen sich andere auf etwas gefaßt machen." (68) Oder: „[...] wenn du [Jepsen] glaubst, daß man seine Pflicht tun muß, dann sage ich dir das Gegenteil: man muß etwas tun, das gegen die Pflicht verstößt. Pflicht, das ist für mich nur blinde Anmaßung. Es ist unvermeidlich, daß man etwas tut, was sie nicht verlangt." (154) So setzt Nansen einem blinden staatsbürgerlichen Gehorsam die eigene kritische Beurteilung entgegen, verlangt er die individuelle moralische Bewertung eines empfangenen Befehls, individuelle Verantwortung. Für ihn ist Pflicht, was er als *inneren* Auftrag empfängt, was er sich aufgrund seiner Überzeugungen als Auftrag gibt. Pflicht heißt deshalb für ihn, weiterzumalen und in seinen „unsichtbaren Bildern" in Anspielungen die Wahrheit über seine Zeit zu enthüllen. Da das Regime von der inneren ‚Verpflichtung' des Malers zur Wahrheit weiß, muß es sein Malen verbieten – aus Angst (67). Verabsolutierung eines Pflichtbegriffs einerseits – individuelle Verantwortung andererseits; starre Ausführung des äußeren Auftrags ohne Rücksicht auf Freundschaft oder Familienbande einerseits – Nichtbeachtung äußeren Verbots und Treue zum inneren Auftrag andererseits – das sind die Extreme, die in dem Polizisten Jepsen und dem Maler Max Ludwig Nansen repräsentiert sind.

Nansens ‚andere Möglichkeit' tritt in der Person des Kunstkritikers Bernt Maltzahn auf den Plan, eines Opportunisten par excellence, der, während des Krieges Redakteur der Zeitschrift ‚Volk und Kunst', nach dem Kriege Nansen aufsucht, um ihn zur Mitarbeit an der neuen Zeitschrift ‚Das Bleibende' einzuladen (299 ff.). Der zweite Titel ist offensichtlich ein Seitenhieb auf die Besinnung auf Abendland und Kultur in den ersten Nachkriegsjahren. Einstige negative Aussagen über Nansens Werk will Maltzahn jetzt in Doppeldeutigkeit uminterpretieren und sich als Mann des geistigen Widerstandes oder ,inneren Emigranten' umgedeutet sehen. Nansen antwortet damit, daß er Maltzahn aus dem Hause weist. –

Das Thema Pflicht wird auch in einer modellhaften Geschichte behandelt, die der sympathische Wärter Joswig seinem Zögling Siggi erzählt (314 ff.), einer eingeschobenen Kurzgeschichte, wie sie der Roman ,Das Vorbild' als strukturbestimmendes Element einsetzt. Joswig erzählt von einem Ruderer, der sich bestechen läßt, in einer Regatta einen Zusammenbruch vorzutäuschen, der sich dann aber seinem Team verpflichtet fühlt, doch weiterkämpft und – kurz vor dem Ziel tatsächlich einen Schwächeanfall erleidet. Urteilt Siggi: ,,Das sind die Freuden der Pflicht, wie Korbjuhn sie sich gewünscht hat; etwas anderes sind ihre Opfer; von ihnen redet man nicht." (316) Besser könnte die Ambivalenz des Pflichtbegriffs nicht ausgedrückt werden. In der Einsicht in diese mögliche Zweideutigkeit der Pflicht bestätigt Joswig seinem Zögling: ,,An deinen [Siggis] Worten merkt man, daß du volljährig geworden bist." (316) Siggis Urteil stimmt wörtlich mit dem seines geistigen Mentors Nansen überein, der in seiner letzten großen Auseinandersetzung mit Jepsen zu demselben Ergebnis kommt: ,,[...], zumindest habe er erfahren, was das für eine Krankheit sei: Pflicht, und was er dagegen tun könne, werde er tun; die Opfer erwarteten dies, die Opfer der Pflicht." (364) Wobei zu fragen wäre, wer mit diesen Opfern gemeint ist: Nansen, Klaas, Siggi oder auch der Polizist Jepsen selbst.

Wenn Pflicht zur Freude wird, schafft sie leicht Opfer, könnte man schlußfolgern. Von diesen Opfern will aber auch der Deutschlehrer, Dr. Korbjuhn, nichts hören, und die Tatsache, daß in der Erziehungsanstalt immer noch frisch-fröhlich-naive Themen wie ,Die Freuden der Pflicht' oder ,Nur wer gehorchen kann, kann auch befehlen' (405) gestellt werden, beweist, daß die Erzieher selbst noch eine Deutschstunde nötig haben, daß sie sich über die Fragwürdigkeit des Begriffs ,Pflicht' noch immer nicht im klaren sind. Auch der spät-jugendbewegte Direktor der Anstalt, Himpel, bringt der von Siggi erfahrenen Problematik der Pflichterfüllung keinerlei Verständnis entgegen, sondern kommentiert selbst: „Aber dein Vater tat doch nur seine Pflicht." (400) So macht Lenz deutlich, daß auch in der Bundesrepublik, und leider vor allem in ihrem Erziehungssystem, noch der alte Geist lebendig ist, daß es selbst intelligenten Leuten wie Himpel und Korbjuhn immer noch nicht klar geworden ist, wohin ein mißverstandenes Pflichtgefühl führen kann.

Das wird auch in dem Polizisten Jepsen deutlich, der nach ein paar Monaten Aufenthalt im Internierungslager wieder seines alten Amtes waltet, als wenn nichts geschehen wäre, und nun seiner alten ‚Pflicht' der Bilderverbrennung nachgeht. Ganz so unrecht hat Siggi nicht, wenn er, von Himpel und einer Gruppe Psychologen interviewt, verbittert konstatiert: „Ich bin stellvertretend hier für meinen Alten [...]; der darf süchtig bleiben und süchtig seine verdammte Pflicht tun. Und ich bin hier, weil er ein bestimmtes Alter erreicht hat und als Alter unabkömmlich ist, um sich noch einmal umtrimmen zu lassen." (400; s. o.) Die Insassen der Erziehungsanstalt – auch andere Jugendliche werden bewußt mit einbezogen – sind Opfer einer verbohrten Gesellschaft mit falschen Idealen und Vorstellungen. Umerziehung wird am falschen Objekt getrieben; nicht Siggi oder Kurtchen, sein Zimmerkollege, sollten umerzogen werden, sondern ihre Väter, Onkel und Tanten. In der Erziehungsanstalt wird nur der alte Geist fortgepflanzt; nichts hat sich geändert.

Die Frage des Lernens aus der Vergangenheit wird mehrfach gestellt, und die Antwort fällt zuungunsten der Gegenwart aus: Schon einmal hat eine Gruppe von Anstaltinsassen einen erfolglosen Ausbruchsversuch unternommen, und nun „soll es wieder losgehn" (211), aber Joswig weiß von dem Plan, und er richtet – übrigens genau in der Mitte des Romans – an Siggi die Frage: „es soll wieder losgehn, Siggi, und wenn du das hörst, mußt du dich einfach fragen: sind sie denn gar nichts wert, die Erfahrungen? – Wer ist noch dabei? fragte ich [Siggi], das wollte er nicht sagen, wahrscheinlich dieselben wie damals." (211 f.)

Der politische Gegenwartsbezug ist unüberhörbar, selbst die Redewendungen stimmen („wieder losgehn", „dieselben wie damals"), und es wird klar, daß es hier nicht nur um ein paar Zöglinge einer Jugendstrafanstalt geht, sondern um den Neonazismus in der Bundesrepublik.

Vergessen sind auch die Verdienste Nansens. Nach 1945 ist sein Stil, der Expressionismus, schon historisch geworden, ist nicht mehr modern. Auf einer Hamburger Ausstellung, bei deren Eröffnung Nansen selbst zugegen ist, erscheint er schon äußerlich („Gamaschenschuhe, enge gestreifte Röhrenhosen, ein Gehrock, der in Jahrhunderten blank geworden war, seidenes Schlipstuch mit Anstecknadel, Vatermörder" [377]) wie ein Relikt aus einem Heimatmuseum. Zur Schau gestellte herrische Verschlossenheit und unbestimmte Geringschätzung betonen nur den Kontrast seiner Person zum modernen Kulturrummel. Auch wenn er sich von einem Hamburger Kritiker verstanden fühlt: die jungen Künstler verstehen ihn nicht; für sie ist er der „Anstreicher", „der größte Wolkenmaler", „der kosmische Dekorateur" (386) – alles spottende Begriffe, die Klaas' Freund Hansi, ein junger Maler, verwendet. Klaas verteidigt den Mann, der ihn vor der Gestapo versteckt hatte, nicht, nur Siggi ergreift Partei für ihn (389). Die Reaktion Hansis ist Gewalt. Er stößt Siggi sein Knie in den Unterleib und schlägt ihn bewußtlos. Lenz' Kritik an den Jugendlichen der Nachkriegsgegenwart fällt hier genauso negativ aus wie in ‚Der Mann im Strom', nur daß die Gewalt hier wegen der ideologischen Obertöne noch um einige Grade gefährlicher wirkt.

Die Aussichten für die Gesellschaft (der Bundesrepublik!) scheinen also denkbar schlecht, gäbe es nicht positive Gegenfiguren. Da ist einmal Siggi selbst, dessen Skepsis und Einsicht in das Geschehen zwar beschränkt bleiben, da er von einem falschen Denkansatz ausgeht, denn aus der minuziösen Rekonstruktion sinnlicher Einzelheiten läßt sich schwer eine geistige Summe ziehen. Siggi hat einen Knacks davongetragen, aber er hat doch Klarheit gewonnen über die Fragwürdigkeit des ambivalenten Pflichtbegriffs. Er hat an seinem Vater erfahren, daß

„alle einen Tick bekommen, die nichts tun wollen als ihre Pflicht". (399) Daß er nie aufhören wird, die Vergangenheit zu befragen, ist ihm klar (412). Siggi gehört zu dem Teil der jüngeren Generation, der ‚milieugeschädigt‘ ist, aber im Bemühen um Verstehen eine Chance hat.

Das eigentliche positive Beispiel richtigen Verhaltens in einer Demokratie wird von dem Wärter Joswig geboten, der nicht zufällig der erklärte Lieblingswärter der Jugendlichen ist. Nicht nur hat Joswig Verständnis (notfalls auch Härte im Durchgreifen); ihm gelingt es, die an Jepsen und Nansen demonstrierten Begriffe von äußerer und innerer Pflicht sinnvoll zu vereinen.[27] Staatsbeamter wie Jepsen, erfüllt er seine Pflicht, indem er zwar den Buchstaben des Gesetzes verletzt, dennoch aber seinen Auftrag so erfüllt, daß es nur zu einem Minimum an Schwierigkeiten mit den Jugendlichen kommt. Einen Ausbruchsversuch einiger Insassen der Anstalt verhindert er mit viel Geschick, und auch Siggi gegenüber ist er freundschaftlich und human. „Mit seiner Art, Aufträge auszuführen, erreicht er die Humanität der ursprünglichen Pflichtauffassung Nansens: Er hält sich nicht nur formal an seine Pflicht, sondern erwägt auch ihren Zweck, versucht den ‚äußeren‘ Auftrag mit dem ‚inneren‘ Ethos in Übereinstimmung zu bringen oder ihn, wenn dies nicht möglich ist, der ‚inneren‘ Pflicht nachzustellen."[28] Joswig ist mit dieser Fähigkeit, zwischen äußerer und innerer Pflichtvorstellung durch verantwortungsvolle Anpassung an die Gegebenheiten des Augenblicks zu vermitteln, ein positives Beispiel demokratischen Verhaltens.[29]

In den Gehirnen der Leute von Rugbüll, also in der Provinz, sind jedoch vor und nach dem Zusammenbruch die Ideen lebendig, die das Dritte Reich getragen hatten. Sprachrohr ideologischer Borniertheit im Roman war schon zur Zeit der Naziherrschaft Siggis Mutter Gudrun, die Addi, den Verlobten von Siggis Schwester Hilke, wegen seiner Epilepsie aus dem Hause gewiesen hatte mit der Begründung: „Wir brauchen keinen Kranken in der Familie." (77) Auch nach dem Kriege wendet sie dieselben Maßstäbe an, wenn sie Siggi verbietet, das ehemalige

Restaurant „Wattblick", das nun Regierungsheim für „schwachsinnige Kinder" (337) ist, zu betreten: „Diese unwerten Geschöpfe" nennt sie die Kinder, „Aufregungen, nur Aufregungen werden sie uns bringen. [...] Wenn sie noch krank wären, aber sie sind unwert, sie belasten uns alle. Man kann ihnen nichts entgegenbringen, denn sie spüren nichts." (342) Auch in Lehrer Tetjus Prugels Biologieunterricht wird Populärdarwinismus unter dem Mikroskop demonstriert, bis zwei englische Soldaten in die Klasse kommen und dem Unterricht ein Ende machen. Prugel doziert: „Unwertes Leben muß zugrunde gehen, damit wertes Leben bestehen und bleiben kann. [...] Auslese, nicht wahr, und immer wieder: Kampf. Die Schwachen gehen unter im Kampf, die Starken bleiben übrig. So ist das bei den Fischen, so ist das bei uns." (264) So wird den Gemütern der Schüler die Theorie vom „unwerten Leben" eingeimpft, die das Euthanasieprogramm des Dritten Reiches gerechtfertigt hat.

Von Siggis Mutter Gudrun hören wir auch Einwände gegen Nansens Bilder, die vom offiziellen Kunstverständnis des Dritten Reichs, von heroischer Realitätsüberhöhung und Ablehnung alles ‚Unrealistischen‘, diktiert werden: „Wenn man sich so ansieht, welche Leute er [Nansen] malt: die grünen Gesichter, die mongolischen Augen, diese verwachsenen Körper, all dieses Fremde: da malt doch die Krankheit mit. Ein deutsches Gesicht, das kommt bei ihm nicht vor. [...] – Aber im Ausland ist er gefragt, sagte mein Vater, da gilt er was. – Weil sie selber krank sind, sagte meine Mutter, deshalb umgeben sie sich auch mit kranken Bildern." (162) Die Formel ‚Deutsch = gesund, nicht-deutsch = krank‘ bezeichnet den ganzen simplifizierenden Nationalismus der Zeit, die Vorurteile der Provinz gegen alles Fremde, das im Begriff des Zigeunerhaften verteufelt wird. Diese Engstirnigkeit wird auch dann deutlich, als der ‚Verrat‘ Italiens im Radio bekannt gegeben wird und der Vater kommentiert: „Also Italien, [...]. Im ersten Weltkrieg, sagte er, und jetzt wieder: so sind die Italiener: Tarantella und Pomade im Haar – sonst nix." (223). Oder in der Entrüstung der Eltern darüber, daß Nansen einen Akt von Hilke gemalt hat (‚Die Wellentänze-

rin'). „Furchtbar, was er aus dir [Hilke] gemacht hat", regt sich
die Mutter auf, „dieses Fremde, das sich da meldet. Die Besessenheit. Der Rausch. Und was er aus deinem Körper gemacht
hat. Die flammende Hüfte. Die krummen Schenkel. [...] Eine
Zigeunerin tanzt vielleicht so." (357) Spießbürgerliche Erotikta-
bus und provinzlerische Ablehnung alles Fremden verbinden
sich hier zu einer Mischung, die sich in der Naziideologie offizi-
ell zur ‚Weltanschauung' aufschwingen konnte.

Lenz weist so auf die enge Verbindung von Provinzlertum
und Ideologie des Dritten Reiches hin. Er ist in der deutschen
Literatur nach 1945 nicht der einzige, der seine erzählerischen
Werke in der Provinz angesiedelt hat. Grass zeigt die ideologische Affinität der Provinz nicht zufällig ähnlich in seinen um
Danzig und die Weichselmündung spielenden Romanen und
Novellen. Die Wahl des beschränkten Ortes, hier Rugbüll, mit
geistig beschränkten Menschen hat den Vorzug, daß man Typisches herausarbeiten kann. Rugbüll wird so zur Metapher für
Deutschland. Siggis Auseinandersetzung mit *seiner* Vergangen-
heit in Rugbüll ist Auseinandersetzung mit der deutschen Geschichte des Dritten Reiches. Lenz selbst ist davon überzeugt,
daß Typisches am begrenzten Ort deutlicher wird als in der
Metropole. So schreibt er in einem Aufsatz mit dem Titel ‚Enge
als Vorzug': „Was von Dauer ist, geschieht an begrenztem Ort.
Dublin, Jefferson City, Roms verzweigte Bezirke, Güllen, St.
Petersburg, Berlin-Alexanderplatz: Weltliteratur ist dem über-
schaubaren Ort verpflichtet, setzt Nähe voraus, eine einsehbare
Topographie. Der Schauplatz ist bemessen. Die Enge läßt Anspielungen zu und macht das Verständnis der Anspielungen
übertragbar: der Traum der Mancha wird in der Normandie
verstanden, eine Familientragödie am Hardanger-Fjord findet
vergleichendes Interesse in Friesland, Fürst Myschkin beschäftigt Paris. Das Große wird im Kleinen transparent, im fernen
Unglück wird das eigene Unglück entdeckt, die Welt erweitert
sich durch die beispielhafte Erforschung eines – vergleichsweise
– winzigen Bezirks. Die Zentren liegen am Rande." (Beziehungen, 123)

In Rugbüll wird aber nicht nur exemplarisch und typisch das Dritte Reich im Alltag dargestellt, sondern Rugbüll (= Provinz) ist Voraussetzung und Ursache für das Dritte Reich. Wie verklärt erscheint der Krieg in dem Vortrag („Meer und Heimat") des Heimatdichters Asmus Asmussen, der auf einem kleinen Vorpostenboot Dienst tut, aber die Realität des Krieges ins Malerische verwandelt. Hier erscheinen die Amerikaner als Gegenpol, als Wanderer ohne „inneren Auftrag", ohne Bindung, und dem Redner „glückte [...] der Satz: Die großen Stürme überstehen nur die Seßhaften." (118) „So saßen wir im ‚Wattblick'", kommentiert der Erzähler Siggi, „während auf Külkenwarf mit Sicherheit nachgewiesen wurde, daß die Meerheimat in der Lage ist, alle Fragen zu beantworten. Alle Fragen: warum scheuen sie sich nur bei uns, ihre Unwissenheit hier und da, auf diesem Feld oder auf jenem, einzugestehen? Die größte Beschränktheit, zu der Heimatsinn verleitet, liegt doch wohl darin, daß man sich für zuständig hält, auf alle Fragen zu antworten: Hochmut der Enge . . ." (121) Der einzige, der von dieser Kritik Lenz' ausgenommen ist, ist der Maler Nansen, für den die Natur, die heimatliche Landschaft Grundlage seines Künstlertums ist, der „die Heimat nicht als Selbstzweck hinnimmt, weil er sie magisch verwandelt".[30] Er kennt die großen Städte und ist der einzige, der auch in der Provinz (durch das Malverbot) in die großen Auseinandersetzungen der Zeit hineingezogen wird.

Der Zeitgeist und die Ereignisse des Dritten Reiches sind im Nebensächlichen anwesend, werden im Zufälligen, z. T. ironisch kommentierend, hereingeholt. So geht Siggi „über den Hof, auf dem der Wind spitze Kreisel drehte und eine Zeitung zerzauste, einen Sieg in Afrika, einen Sieg auf dem Atlantik, einen gewissermaßen entscheidenden Sieg an der Altmetallfront zerzauste und knüllte und gegen den Maschendraht unseres Gartens preßte". (19f.) Hier werden nicht nur ironisch die Anfangssiege des Krieges vom Wind zerzaust, sondern zu den „Siegen an der Altmetallfront" in Parallele gesetzt, und damit werden beide entwertet. Ähnlich ist der Krieg unmittelbar in dem Angriff der Möwen auf Addi, Siggi und die Möweneier suchende Hilke vergegenwärtigt. Wie Wieland der Schmied sein Schwert schwingt Siggi seinen Stock in schnellen Kreisen über dem Kopf und versucht, Addi zu beschützen, der in einem epileptischen Anfall – der kindliche Siggi hält ihn für tot – auf dem Rücken liegt. „Die Möwen wechselten auf einmal ihre Taktik. Sie hatten anscheinend gemerkt, daß sie mit Scheinangriffen nichts erreichten, nur einzelne Kamikaze-Vögel, Sturmmöwen vor allem, stürzten sich noch auf uns, die Schwimmfüße schön angelegt, mit aufgesperrtem, korallenrotem Schlund, mit Ju-87-Schwingen, doch das waren nur ein paar unaufgeklärte Nachzügler; [...]. Einmal schnappte eine Möwe nach meinem Bein, und weil mein Stock sie nicht traf, schleuderte ich ein Ei nach ihr, und das Ei zersprang auf ihrem Rücken, und das zerplatzende Dotter machte ihr gelbe Hoheitsabzeichen: nun flog sie für Brasilien." (43 f.) Die Realität des Luftkrieges, Bombenangriffe auf die Zivilbevölkerung, wird hier vergegenwärtigt, wenn auch durch die Kinderperspektive entschärft. Ähnlich findet auf einem Teich eine Seeschlacht zwischen Siggi und den Enten statt (69). Der Krieg selbst wird nur in der Notschlachtung einer von Bomben verletzten Kuh gezeigt und schließlich dem mehr zufälligen Bauchschuß von Klaas bei einem Tieffliegerangriff auf Torfstapel.

Lenz' Beschränkung auf die Erzählperspektive Siggis, die sich, wie im Falle des Möwenangriffs, oft ganz auf seine Erkenntnisfähigkeit zum Zeitpunkt des Erlebens verläßt, hat den Nachteil, daß die Interpretation des Geschehens dem Leser überlassen bleibt. Mehrfach fällt es Lenz schwer, das Wissen Siggis wahrscheinlich zu machen; immer muß er ja dabeisein, auf dem Rücksitz vom Dienstfahrrad des Vaters mitfahren, Addi und Hilke folgen, durch Fenster und Schlüssellöcher schauen, horchen usw. Auch ist die kindliche Erfahrensweise Anlaß zu übertreibendem Humor, so wenn er Zahlen mit kindlicher Übertreibung wiedergibt: in der Wohnstube von Bleekenwarf, dem Wohnsitz des Malers, hätten nach Siggis Schätzung „mindestens neunhundert Hochzeitsgäste Platz gehabt [...], und wenn nicht die, dann aber doch sieben Schulklassen einschließlich ihrer Lehrer" (22), das Haus hat 400 Fenster (55, 64), im östlichen Flügel zweigen „sagen wir mal, einhundertzehn Türen" ab (104), 62 Standuhren stehen im Wohnzimmer (200). Zwar versucht Lenz das zu motivieren, indem er den Psychologen Makkenroth beim jungen Siggi einen „Hang zu planloser Übertreibung" feststellen läßt (238), aber der Effekt ist eher der, daß hier eine ironische Distanz geschaffen wird.

Durch die kindliche Perspektive ist es Lenz darüber hinaus möglich, phantasievoll verfremdend das Wesen von Dingen und Menschen deutlich zu machen. Das beste Beispiel hierfür ist die Geburtstagsfeier für Dr. Busbeck, den auf Bleekenwarf (über-) lebenden Freund und Entdecker Nansens. Siggi sieht an der Festtafel die Gäste nicht als Personen, sondern als Meerestiere: „[...]: an dem schmalen, unbegrenzten Geburtstagstisch saß feierlich altersgraues Meeresgetier und trank schweigend Kaffee und würgte schweigend, ganz versenkt in eigensinnige Kontemplation, trockenen Sandkuchen herunter. Stelzbeinige Hummer, Krabben und Taschenkrebse hockten auf den hochmütigen, geschnitzten Sesseln von Bleekenwarf; hier und da verursachten harte, gepanzerte Glieder ein trockenes Knacken, eine Tasse klapperte, wenn knochige Hummerscheren sie absetzten, und einige streiften mich mit einem Blick aus gleichgültigen Stilaugen, [...]. [...], und neben der zartesten Meerforelle, die so sehr Doktor Busbeck glich, saß mit abweisendem Gesicht und strengem Haarknoten als Zackenbarsch meine Mutter." (56) Wenn Siggis „heimatkundlicher Großvater [...] wie ein weiser, mit Seepocken besetzter Hummer [...] langsam, aber beständig ganze Kuchenplatten in sich hineinbrockte" (58), wird die „träge Gier" (59) dieses animalischen Hockens und Schlingens deutlich, das kleinbürgerliche Bemühen, den Gastgeber zu schädigen, ein Ausdruck des gemeinsten Provinzialismus.

So wie hier Menschen ‚animalisiert' werden, neigt Lenz andererseits auch dazu, Objekte zu anthropomorphisieren. So heißt es von Busbecks Geburtstagsgeschenken: „[...] vor ihm [einem Gemälde Nansens] krümmten sich dienstbar die Socken, der Kaffeewärmer plusterte sich auf, der Obstkuchen warb um Vertrauen, und der Schal schlängelte sich um die Talglichter, als wollte er sie sanft ersticken: alle Geschenke waren auf sich bedacht, doch sie konnten nicht verhindern, daß das Bild sie in ihrer schlichten Dienstbarkeit herabsetzte." (62) Eine ganze Reihe von Beispielen ließe sich für diesen für Lenz so typischen Stilzug anführen, zahlreiche Beispiele auch für den Metaphernreichtum seiner Sprache, für die plastischen Beschreibungen der Meereslandschaft, des Atmosphärischen, – was alles sicherlich entscheidend zum Erfolg des Romans beigetragen hat. Die Beobachtungen ließen sich vermehren durch Hinweise auf den Sprechcharakter von Siggis Sprache, mit den zahlreichen Interjektionen wie ,,sagen wir mal", seiner Erzählerwillkür, mit der er wie ein Marionettenspieler seine Figuren einsetzt und nach Belieben, so scheint es, handeln läßt. Hier zeigt Siggi (?)/Lenz, daß er die Geschichte fest in der Hand hat, daß er ihren Verlauf souverän bestimmen kann. Durch das Mittel des Sich-Einmischens wird die ,Berichts-Wohligkeit' gestört.[31]

Aber Siggi ist nicht der einzige Erzähler; Joswig tritt als (zweiter) Erzähler der Geschichte vom Ruderer auf (314ff.), und in mehreren Einschüben gibt Mackenroth als dritter Erzähler im spröden Deutsch einer psychologischen Diplomarbeit seine Ansicht von Nansen (144ff.) und Siggi (237ff. u. 368ff.) wieder. Wie in ,Stadtgespräch' zeigt sich hier wieder das Problem der Erfassung der Wahrheit in einer ,doppelten Buchführung'. In Mackenroths wissenschaftlicher Abhandlung wird Siggis subjektiver Fischzug durch die Erinnerung bewußt relativiert, und der die Arbeit kritisch lesende und glossierende Siggi muß zugeben: ,,[...] das stimmt auch" (242), obwohl er Mackenroth schließlich nach folgendem Urteil die Arbeit zurückgeben wird: ,,Nein, Wolfgang Mackenroth, es war so, und war doch nicht so. Ich konnte nicht weiterlesen, da war zuviel verschwiegen, zuviel auf angenehmen Gegensatz gebracht; [...]." (371) Makkenroth ist subjektiv, trotz wissenschaftlicher Intention, weil er etwas beweisen will, weil er Siggi mildernde Umstände verschaffen will, während Siggi sich ebenfalls nur der Wahrheit *nähern* kann, weil auch er befangen ist, denn er erzählt die

Geschichte *seines* Unglücks: „Ich erzähle nicht von irgendeinem, sondern von meinem Unglück, überhaupt: ich erzähle keine beliebige Geschichte, denn was beliebig ist, verpflichtet zu nichts." (179)

Auf Parallelen und Unterschiede der Erzählsituation zu Günter Grass ,Die Blechtrommel‘ ist von der Kritik mehrfach hingewiesen worden,[32] auch darauf, daß in mehreren anderen Nachkriegsromanen der Erzähler in einer Art Pflegeanstalt sitzt, außer in der ,Blechtrommel‘ z. B. auch in Max Frischs ,Stiller‘ und in Jörg Steiners ,Strafarbeit‘,[33] aber wichtiger noch als z. B. die Aufzeigung von Ähnlichkeiten dieser Art ist Theo Elms Beobachtung, daß in der ,Deutschstunde‘ die für die deutsche Literatur so typische Form des Bildungsromans auf den Kopf gestellt ist. Im Gegensatz zum klassischen Bildungsroman, wie Goethes ,Wilhelm Meister‘, Stifters ,Nachsommer‘ oder Kellers ,Grüner Heinrich‘, steht hier am Ende nicht die charakterliche Vollendung und Reife des ,Helden‘ Siggi, seine Annahme und Eingliederung durch die Gesellschaft, sondern im Gegenteil Siggis Eingeständnis des Scheiterns an der Vergangenheit („Scheitern an Rugbüll" [415]). „Siggis Erfahrung ist vielmehr die des ,Helden‘ im modernen, die Gesellschaft skeptisch beurteilenden Roman: Er bleibt – selbst reifer als die ihn umgebende Gesellschaft – integrer Außenseiter, und seine Zukunft ist ungewiß."[34] „Was soll ich tun [...] wenn sie mich entlassen", fragt er sich, „wohin gehen, wo ein Versteck für mich suchen?" (412)

Im Mittelpunkt der Betrachtung steht im Roman nicht Siggi, sondern die Gesellschaft selbst. Siggi ist dabei nur Medium der Betrachtung, Vehikel der Erzählers. Es geht nicht um die Reife eines Individuums, sondern um die politische Unreife einer Gesellschaft, der deutschen. Siggi hört nicht auf, Deutschland und seine Menschen nach dem Warum zu befragen: „Und ich frage mich, warum sie den Fremden draußen lassen und seine Hilfe verachten. Und warum sie nicht umkehren können auf halbem Weg und sich eines Besseren besinnen, frage ich mich. [...] Und ich frage, warum sie bei uns tiefer und folgenreicher sehn am Abend als am Tag, und warum sie so verstiegen sind in der Erfüllung einer übernommenen Aufgabe. Die schweigende Eßgier, die Selbstgerechtigkeit, die Heimatkunde, die ihnen jede Badeanstalt ersetzt: auch sie befrage ich. Und ich befrage ihren Gang, ihr Dastehn, ihre Blicke und ihre Wörter, und mit dem, was ich erfahre, kann ich nicht zufrieden sein." (412f.)

Lenz will seine Leser selbst zu dieser kritischen Einstellung erziehen, sie zur Wertung Deutschlands und seiner Geschichte anhalten, ohne zu brüskieren oder lauthals revolutionäre Thesen zu propagieren. Objekt der Reifung ist nicht Siggi, sondern der Leser, für den das Buch zu einer ‚Strafanstalt für Schwererziehbare' werden soll. Aktivierung des Leserbewußtseins,[35] des Lesers, der selbst fragen, angedeutete Probleme selbst engagiert weiterentwickeln soll – das ist Lenz' Ziel bei der ‚Deutschstunde', und das ist ihm mit seiner konzilianten Realistik hier besser gelungen als in irgendeinem seiner anderen Romane. Damit ist die ‚Deutschstunde' zwar „ein Ergebnis jener allgemeinen Tendenz zur Politisierung, wie sie für die BRD-Literatur in der zweiten Hälfte der sechziger Jahre bestimmend ist",[36] aber im Gegensatz zu den Schriften von Günter Grass, Martin Walser, Hans Magnus Enzensberger oder Peter Rühmkopf ist sie nicht auf gesellschaftliche Provokation aus.[37]

‚Das Vorbild'

Die nächste ‚Deutschstunde' erteilt Lenz seinen Lesern in dem Roman ‚Das Vorbild' (1973), der an eine Episode der ‚Deutschstunde' anknüpft: Dort mußte Siggi als vierzehnjähriger Gymnasiast einen Hausaufsatz über das Thema ‚Mein Vorbild' schreiben. Er behandelt darin einen Mann, der auf einer Zielübungsinsel für britische Bomber die dort brütenden Vögel schützt, indem er durch seine Anwesenheit die Fortsetzung der Bombardierungen verhindert. Aus diesem mageren Ansatz entwickelt Lenz seinen nächsten Roman, indem er das Problem umkehrt: Drei Pädagogen treffen sich im Auftrag eines Arbeitskreises der Kultusministerkonferenz in einer Pension in Hamburg, um ein repräsentatives Lesebuch für Deutschland auszuarbeiten. Die Sachverständigen sind der lodenbemäntelte pensionierte Rektor Valentin Pundt aus Lüneburg, der protestbärtige, schnoddrige Studienrat Janpeter Heller aus Diepholz und die ewig zu spät kommende Hamburger Lektorin Dr. Rita Süßfeldt. Über zwei Kapitel des Lesebuchs, ‚Arbeit und Feste' sowie ‚Heimat und Fremde', hat man sich bei früheren Sitzungen schon geeinigt, und nun ist der Abschnitt ‚Lebensbilder – Vorbilder' an der Reihe, der in dem altmodischen Konferenzraum der Pension Klöver (Inhaberin Ida Klöver) in einer Reihe von Arbeitssitzungen diskutiert werden soll. Reihum werden also Erzählungen vorgeschlagen und von den anderen Sachverständigen verworfen. Janpeter Hellers Wahl ist auf die Geschichte von einem Schiffsarzt gefallen, der es vorzieht, wieder auf einem Schiff zu arbeiten, als er feststellt, daß sein Vater als Vertrauensarzt von Rentenstellen mit zweierlei Maß mißt. Pundt schlägt eine Erzählung von einem Wachsoldaten vor, der wider Willen einen Lagerflüchtling versteckt und ihn unter Lebensgefahr rettet, obwohl ihm der Flüchtling weder sympathisch noch dankbar ist, und Dr. Süßfeldt präsentiert die Geschichte von einer Mutter, die ihren Verlobungsring ins Leihaus trägt, um ihrem aus einer Erziehungsanstalt geflohenen Sohn ein unterhaltsames Wochenende zu ermöglichen, die dann aber die Polizei holt, als sie feststellen muß, daß sich ihr Ring unter der Einbruchsbeute ihres Sohnes befindet. Als andere, nur kurz skizzierte Gegenbeispiele allgemein abgelehnt werden, wendet man sich der fiktiven Biographie einer weltbekannten Biologin, Lucy Beerbaum zu, die, in Griechenland geboren und aufgewachsen, in Hamburg lebte und sich bei der Machtübernahme der griechischen Obristen freiwillig die gleichen Haftbedingungen auferlegte wie ihre in Griechenland inhaftierten Freunde; entkräftet erlag sie schließlich einer Lungenentzündung. Rund ein Dutzend Episoden aus dem Leben Lucy Beerbaums werden erzählt, so u. a. wie Lucy, die in einer Bäckerei geholfen hat, die Schuld dafür auf sich nimmt, daß ins Brot gebackene Werkzeuge und Botschaften ins Gefängnis geschmuggelt worden sind; wie Lucy sich als Studentensprecherin feiern läßt, obwohl sie weiß, daß sie nicht die meisten Stimmen bekommen hat, aber glaubt, mehr tun zu können als der eigentlich gewählte konservative Mitläufer; wie Lucy im Gefängnis leugnet, einen Artikel für eine illegale Werkzeitung geschrieben zu haben, weil das weitere Erscheinen solcher Aufsätze wichtiger ist als die Wahrheit; wie Lucy im Konflikt zwischen Verpflichtung zur Beurkundung ihrer Anteilnahme den Freunden gegenüber einerseits und der Forschung gegenüber andererseits steht; wie sie sich einem Interviewer gegenüber verteidigt, der ihrem Verhalten rein persönliche Gründe unterstellen will, um es dadurch zu entwerten; wie die heutige Jugend, vertreten durch Lucys ‚Nichten‘, über ihr Verhalten urteilt usw. Nachdem Pundt aus der Gruppe der Pädagogen ausgeschieden ist – er trat zurück, nachdem er bei versuchter Hilfeleistung von Rockern zusammengeschlagen und in einem Boot auf der Alster ausgesetzt wurde –, einigen sich Heller und Dr. Süßfeldt darauf, die letzten beiden Geschichten zu verschmelzen und in dieser Form vorzuschlagen, kommen damit aber beim Verleger, einem Doktor Dunkhase „mit sorgfältig vernachlässigter Titusfrisur" (Ausgabe Hamburg 1973, 513), gar nicht gut an: Ihm ist Lucy zu passiv; ihr Protest sei zu privat, beschaulich, meditativ. Damit könne sich „eine emanzipatorische Erziehung nicht zufrieden geben: mit einem Protest, der taten- und deshalb folgenlos bleibt". (517) Denn: „Schließlich bestätigen Theorie und Praxis des politischen Kampfes, daß nur durch Aktionen Veränderungen herbeigeführt werden können. Das revolutionäre Potential in den Schulen muß jedenfalls anders geweckt werden: durch Vorbilder, die handeln." (518) So schickt man dem im Krankenhaus liegenden Pundt eine Ansichtskarte, auf der der schnoddrige Heller geschrieben hat: „Kurz vor meiner Abfahrt ist es uns noch gelungen, das zeitgemäße Vorbild ausfindig zu machen: es handelt sich um eine intakte Windmühle, die, bei ausreichender Regung in der Luft, für jedermann sichtbar vierflügelig um sich schlägt." (527)

So weit die offizielle Suche nach den Vorbildern. Zusätzlich treten die drei Sachverständigen immer wieder als Privatpersonen auf, die zwischen den Sitzungen ihren privaten Geschäften nachgehen, und dabei zeigt sich, daß sie selbst ,kaputte Typen‘ sind: Harald, der Sohn Valentin Pundts, hat zwei Tage nach einem glänzend bestandenen Staatsexamen Selbstmord begangen; er ist, wie sich herausstellt, ein Opfer der konservativen Erziehungsmethoden seines Vaters. Die Frau Janpeter Hellers hat sich von ihrem Mann getrennt, weil er sich ausschließlich seinen Schülern gewidmet hat, ohne eine Privatsphäre auszusparen. Und bei Rita Süßfeldt wohnt der junge Archäologe Heino Merkel, der nach einem Unfall von schweren Krämpfen heimgesucht wird, von Rita Süßfeldt und ihrer strengen Schwester Mareth hennenhaft bewacht und zu ewiger Dankbarkeit verpflichtet, bis ihm die Flucht gelingt.

Aus diesem ,Realitätsbereich‘ werden dem Leser darüber hinaus andere, gängige Vorbilder vorgeführt und ironisch abgetan: Da ist der ehemalige Freund Harald Pundts, Mike Mitchner, der als Protestsänger begann und nun als Rockstar ganz groß ins Geschäft eingestiegen ist; da ist der Fußballstar Charly Gurk – die Absage liegt schon im Namen –, der sein letztes großes Spiel für die Hamburger spielt und hochdotierte Verträge ablehnt, und da ist, auf dem Minenleger der Bundesmarine, das Bild des Admiral Tittgens, eines Anführers der Minenleger im Ersten Weltkrieg.

Aus vier Bereichen werden dem Leser also Vorbilder zur Wahl gestellt:

1. in den beispielhaften Geschichten der drei Sachverständigen;
2. im Komplex der Lucy-Geschichten;
3. in den drei Sachverständigen selbst;
4. in den anderen Gestalten der Rahmengeschichten.

Ein Ergebnis gibt es nicht: keins der Vorbilder, weder die der beispielhaften Geschichten, weder Lucy, weder die Sachverständigen noch die Vorbilder der realen Gegenwart halten einer Kritik stand. Niemand ist ideal, alle Vorbilder sind ,,leicht beschädigt‘‘, ,,nur Windmühlen sind intakt. Selbst die heilige Lucy kann man bekritteln‘‘.[38] Warum dann also die Suche? Warum der Roman? – Um zu zeigen, daß es heute, für die heutige Zeit eindeutige Vorbilder nicht mehr gibt; um zu zeigen, daß weder die alten Heroengestalten, noch heutige Pädagogen, Protestierende oder Schlagersänger als Vorbilder standhalten, und: um den Leser das Zweifeln zu lehren, das kritische Betrachten seiner Umgebung, seiner Vorbilder: um ihn selbst auf die Suche zu schicken, wenn nicht nach idealen Gestalten, so doch nach Zügen vorbildlichen Verhaltens im Alltag, in seiner eigenen unmittelbaren Umgebung; um ihn Kriterien des Fragens und Verwerfens entwickeln zu lassen, wie dies die drei Sachverständigen in ihren theoretischen Diskussionen immer wieder tun.

Die Kritik hat eingewendet, daß die Sachverständigen nicht kompetent seien: ,,Ihre Debatten, um es höflich zu sagen'', schreibt Hans Mayer im ,Spiegel', ,,stehen nicht auf der Höhe der erziehungswissenschaftlichen, soziologischen, auch literaturtheoretischen Sachdiskussion.''[39] Dieser kritische Einwand ist durchaus richtig, aber doch nicht ganz berechtigt: Sicherlich schwebte Lenz keine Fachdiskussion im entsprechenden pädagogischen, curriculumtheoretischen, literaturdidaktischen oder soziologischen Jargon vor (wie dies auch Mayer keineswegs möchte), vielmehr sind die drei Sachverständigen für ihn nur Sprachrohre für Meinungen, typische Ansichten – vorgeschobene Sprecher, die in keiner Weise mit ihm, dem Autor, identisch sind. Obwohl sie ein Eigenleben haben, sind sie doch gleichzeitig Typen, ja vielleicht zu sehr zur Karikatur verzerrte Typen – eine Verzerrung, die nur durch die ironische Distanzierung des Autors Lenz einigermaßen erträglich wird.

Pundt ist *der* knorrige Studienrat alter Schule mit Schrullen, die ihn für eine ,Feuerzangenbowle' qualifizieren könnten, mit einer autoritären Pädagogik, die einem Professor Unrat anstünde. Das ganze Leben wird für ihn zum Klassenzimmer und wird mit Zensuren belegt (vgl. 57, 65). Er ist ein Pedant ersten Ranges, der konsequentes Verhalten verteidigt (147) und von Sohn und Schülern den charakterisierenden Spitznamen ,,Wegweiser'' erhalten hat, als einer, ,,der nur eine Richtung kennt, nur in eine Richtung zeigt, eine Chausseeschild''. (58) Sein Sohn mußte sich über jede seiner Handlungen schriftlich Rechenschaft ablegen, und Pundt kontrollierte diese Eintragungen auf einem Kalenderblatt. Kein Wunder, daß der Sohn sich aus Protest gegen eine solche Erziehung, gegen eine solche Vaterwelt umbringt. Auf einem anderen Blatt steht die Tatsache, daß Pundt, ohne zu überlegen, eingreift, als er sieht, daß Passanten von einer Bande Jugendlicher belästigt werden. So paart sich in ihm eine gehörige Portion Zivilcourage mit pedantischer Pädagogik von vorgestern. Daß Pundt am Schluß des Romans den Bankrott seiner schulmeisterlichen Methoden einsieht und sich für inkompetent erklärt, spricht letztlich ebenfalls für ihn.

Anders Heller: Heller ist der schnoddrige Typ des modernen Protestpädagogen, der sich natürlich prompt mit Pundt anlegt und sich dafür entschuldigen muß, um die gemeinsame Arbeit nicht zu gefährden. Heller verkörpert zeitgenössische Protesthaltung in derartiger Zuspitzung, daß seine Ansichten durch diese Überzeichnung desavouiert werden. Schon die äußere Erscheinung ist überzeichnet: Da ist der verwaschene weinrote Pullover, der Bart ([...] ,,vermutlich soll der Bart nicht nur das fliehende Kinn tarnen, sondern auch Ausdruck eines überlegten Protests sein". [427]). Er ist ein Mann, für den Vorbilder ,,doch nur eine Art pädagogischer Lebertran [sind], den jeder mit Widerwillen schluckt, zumindest mit geschlossenen Augen. [...] Vorbilder im herkömmlichen Sinn, das sind doch prunkvolle Nutzlosigkeiten, Fanfarenstöße einer verfehlten Erziehung, bei denen man sich die Ohren zuhält". (45) Heller macht sich sofort zum Führer eines Protestmarsches gegen die Fahrpreiserhöhung der städtischen Verkehrsmittel, als er zufällig in einen Demonstrationszug gerät. Es geht ihm ,,um den Widerstand gegen das Profitdenken". (121) Vielleicht hat der alte Polizist, der seine Personalien aufnimmt, gar nicht so unrecht, wenn er zu Heller sagt: ,,In all meiner Praxis ist mir noch niemand so erbarmungswürdig vorgekommen wie ein betagter Revolutionär. Einer, der nicht den Mut hat, zu seinen Jahren und Erfahrungen zu stehen. [...] In Ihrem Alter, da sollte man die Grenzen erkannt haben." (122) Sollte sich hier Lenz verbergen? Wir wissen es nicht; wir erfahren aber, daß an der Protestpädagogik Hellers Ehe zerbrochen ist, an seiner Unfähigkeit, seiner Frau ein eigenes, von krampfhafter Schülerhilfe freies Leben zu bieten. Als er sich von dem Arzt untersuchen läßt, bei dem seine Frau beschäftigt ist und der sein Nachfolger werden könnte, geriert er sich nur noch als lächerliche Figur: Hinter der revolutionären Attitüde fehlt die Substanz. Heller ist im Privatleben gescheitert.

Substanz fehlt auch Dr. Rita Süßfeldt, der Lektorin mit etwas Fraulichkeit, viel mütterlicher Beschützerkraft Heino Merkel gegenüber und wenig Zeit. Daß sie immer in Eile ist, immer zu spät kommt, ein froschgrünes Auto mit vielen Mucken fährt, ohne Rücksicht auf Verkehrsregeln, all das ist kein verzeihbarer Spleen mehr, sondern charakterlicher Mangel, ebenfalls Mangel an Substanz, impulsive Emotionalität statt kritischer Selbstreflexion.

Es stimmt zwar, daß diese drei Sachverständigen nicht auf der Höhe der pädagogischen, literaturkritischen oder soziologischen Diskussion sind, aber Lenz wollte ja offensichtlich gar keine sachlich und persönlich unangreifbaren Experten versammeln, sondern Menschen mit typischen Positionen und – Mängeln. Auch dürfen wir die Ausgangssituation, den angeblichen Auftrag der Kultusministerkonferenz, nicht so wörtlich nehmen, sondern nur als Diskussionsvorwand: Schulbücher werden von Schulbuchverlagen gemacht und schon gar nicht von einer Kultusministerkonferenz für ganz Westdeutschland. Nichts qualifiziert die drei ‚Sachverständigen‘ für ihre Rolle, und ein Prophet des Handelns wie der Verleger Dunkhase hätte sicherlich keinen Mann wie Valentin Pundt aus Lüneburg für die Aufgabe angestellt. Die Situation ist gewollt, ironisch konstruiert, unwahrscheinlich um des Zieles willen, Vorbilder zu diskutieren, zur Wahl zu stellen und zu zerpflücken.

Schon die Ironie in der Kapitelaufteilung macht Lenz’ Distanz deutlich. Welches moderne Lesebuch wird sich heute noch in Kapitel gliedern wie ‚Arbeit und Feste‘ oder ‚Heimat und Fremde‘? Daß eine derartige Feld-, Wald- und Wiesenpädagogik abgewirtschaftet hat, wird eben an dem Kapitel ‚Lebensbilder – Vorbilder‘ deutlich. So geht es heute nun einmal nicht mehr, und so ganz unrecht hat ein Janpeter Heller auch nicht, wenn er die alte Pädagogik vor unseren Augen zerreißt.

So ganz unrecht hat auch der Verleger Dunkhase nicht, wenn er die Wahl der Konferenzteilnehmer: Lucy Beerbaum, mißbilligt. Es scheint zwar, daß Lenz Lucy als diskutables Vorbild hat hinstellen wollen; diskutabel meint dabei aber nicht ‚über jeden Zweifel erhaben‘, sondern eine Gestalt, die sich in verschiedenen Situationen im Alltag so verhält, daß ihre Handlungen als vorbildlich *oder nicht* diskutiert werden können. Denn: selbst Lucy ist keine Idealgestalt und wird gerade deshalb von Heller und Dr. Süßkind ausgewählt; die Überschrift für die durch Verschmelzung entstandene Geschichte soll heißen: ‚Umstrittene Entscheidung‘ – auch hier der versteckte Aufruf zum Zweifel, zur Diskussion. Aber ist nicht tatsächlich Lucy zu passiv, ist ihr Protest nicht zu allgemein, zu privat-persönlich? Warum beruft sich Lucy immer wieder darauf, daß sie sich die Haftbedingungen ihrer Freunde auferlegt habe, nicht um ein weltweites Echo zu finden, nicht um zur Aktion aufzurufen, nicht um öffentlich zu protestieren, sondern um ihre Anteilnahme auszudrücken? Spielen nicht doch persönliche Beziehungen zu dem griechischen Jugendfreund, jetzt ebenfalls ein bekannter Biologe, eine erhebliche Rolle in ihrer Handlungsweise? Bewußt läßt Lenz all dies in der Schwebe, offen für jeden Zweifel und für jegliche Diskussion. Verleger Dunkhase wird dabei mit Absicht genauso zur Karikatur wie der um eine Nummer kleinere Revolutionsadvokat Heller. Es ist Heller – man sehe die Ironie –, der Dunkhase auf seine Einwände hin entgegnet, er, Dunkhase, wolle Vorbilder, ,,die um jeden Preis handeln [...], weil sie den Kompromiß als Unglück ansehen. Handeln als neue Form der Lösung, als Religion, ohne Rücksicht darauf, wohin die Gemeinde gelangt. Die Lösung ist das, was jeweilig entsteht, und das gelobte Land ist gerade da, wo der Zug hält. – Dunkhase zögert, er fragt: Ich weiß nicht, worauf Sie im Augenblick hinauswollen, und Heller, einfühlsam: Ich wollte Sie nur auf eine neue Spielart der Arroganz aufmerksam machen – Handeln um jeden Preis‘‘. (518) Hier glaubt man, hinter Hellers Worten Lenz selbst zu hören, aber geht der Leser auf diese Weise dem Schriftsteller vielleicht doch wieder auf den Leim? Liegt die Absicht des Autors nicht gerade darin, daß er uns die Möglichkeit gibt, auch den sich albern und arrogant gebärdenden Dunkhase ernsthaft zu diskutieren?

Wenn man die anfänglichen Vorschläge der Sachverständigen liest, fragt man sich, ob das ganze Buch von derartigem Entwerfen und Verwerfen von Beispielen und grundsätzlichen Diskussionen wird leben können. Dann münden die Geschichten alle in die Episoden aus dem Leben der Lucy Beerbaum ein, und damit wird der Eindruck nicht besser: Lucys Leben ist zu bescheiden; hier werden zu viele allzu bescheidene Höhepunkte geboten, ohne daß sich ein erzählerischer Spannungsbogen zu entfalten vermag. Hier wird zuviel wiederholt im prinzipiell gleichen Ton. Diese Geschichten kranken daran, daß sie letztlich alle aus der Feder von Siegfried Lenz stammen. Was dieser fiktiven Biographie in Episoden fehlt, ist aber nicht nur ein Spannungsbogen, sondern vor allem Realität. Die Aufhängung an der politisch-aktuellen Griechenland-Situation ist zu künstlich gewollt, um nicht zu sagen trivial. Sie ist und bleibt, trotz ihres Bezugs auf die politische Realität von 1968, eine erfundene Geschichte. „Zur Aura eines Menschen gehört seine Existenz; Kunstfiguren haben keine Aura, die ins Leben hineinwirken könnte. Das eben war der Grundirrtum jener anachronistischen Pädagogen, die dem Schüler eine Anbiederung an Carlos oder Posa empfahlen."[40] Lucy Beerbaums Lebenslauf ist, kurz gesagt, langweilig.

Bedenklich ist, daß an einem Punkt Kritik fehlt, wo sie sicher berechtigt wäre: Es handelt sich um die Episode, in der Lucy zur Studentensprecherin gemacht worden ist, obwohl ein anderer, konservativerer Kommilitone die Stimmenmehrheit errungen hat. Sie weigert sich zurückzutreten mit der Begründung: „[...] nur wenn wir bereit sind, mitunter gegen das Prinzip zu verstoßen, können wir etwas ändern. [...] Auch die Mehrheit kann irren, und manchmal können wir nur etwas für sie tun, indem wir uns über sie hinwegsetzen." (343) Die Pädagogen sehen hier nur den eindeutigen Gegensatz: „hier blindes Prinzip, dort riskante Übertretung des Prinzips" (347). Daß hier einer Möglichkeit der Durchbrechung demokratischer Spielregeln das Wort geredet wird, die es erlaubt, Usurpatoren von rechts oder links zu rechtfertigen, liegt auf der Hand, wird aber nicht reflektiert. Mag es auch kein Geheimnis sein, daß die Mehrheit nicht immer recht hat und daß eine bloß formale Demokratie kritikwürdig ist; das Prinzip Lucys, gegen eine Demokratie zu handeln, wenn man sich im Recht wähnt, darf kaum so einfach akzeptiert werden, vor allem nicht in einem Roman, der Vorbilder kritisch in Frage stellen will und beim Leser eine kritische Einstellung fördern möchte.

Mit seinem Roman ‚Das Vorbild' hat Lenz fortgeführt, was sich in ‚Deutschstunde' schon ankündigte: die Wende von der Vergangenheit des Dritten Reiches zur Gegenwart. Und: eine Hinwendung zum *konkreten* Hier und Jetzt. Da wird kein typischer Ort mit imaginärem Namen eingeführt, sondern Ort der Handlung ist Hamburg, und den Hanseaten flickt der Autor denn auch kräftig am Zeuge, wenn er z. B. Heino Merkel über die anonymen Stiftungen der Hamburger sprechen läßt (Kap. 20). Auch Lucy Beerbaums Leiden findet genau datierbar im Sommer 1968 statt, ein Datum, das mit den Studentendemonstrationen – siehe Hellers Teilnahme an einer Demonstration – zusammenfällt. Darüber hinaus ist in Heller ein aktueller Typ des Pädagogen gezeichnet, den es vor zehn Jahren noch nicht gab. Hamburger Rocker und Rock-Konzerte ergänzen die aktuelle Szenerie. Nur, so fragt man sich, reicht dies aus, um den Roman zu einem Zeitroman zu machen? Obwohl die aktuellen Szenen die typische Statisterie unserer Zeit versammeln, kann man sich nicht des Eindrucks erwehren, daß hier nur eine ‚zeitlose Frage' mit aktueller Tünche ‚übermalt' wird. Lenz, so glaubt man zu spüren, ist an der grundsätzlichen pädagogischen Frage der Gültigkeit von Vorbildern heute interessiert und will diese Frage primär am Beispiel der Lucy Beerbaum behandelt wissen. Die aktuellen Zusätze geraten ihm dabei zwar lebhaft, aber doch irgendwie aus der Retorte, typisch, unscharf.

Dieser Eindruck verstärkt sich, wenn man sich vergegenwärtigt, wie denn aktuelle Szenen sprachlich und erzähltechnisch gestaltet sind. Da ist zunächst die Szene des Rockkonzerts mit Mike Mitchner, das Valentin Pundt besucht, um Aufschluß über die Gründe für den Selbstmord seines Sohnes zu gewinnen. Bezeichnenderweise beschreibt Lenz die Rockszene nicht realistisch, vielmehr stellt er die hippyhaft kostümierten Jugendlichen gleichsam als Tiere vor, verfremdet sie damit und macht sie gleichzeitig auf ironische Weise sympathisch: ,,Rektor Pundt öffnet die Augen und steht vor einem unabsehbaren Terrarium: da sind Grotten unter einem Stuhlgebirge, da sind Pfade und Tunnel, da hat sich die Sorglosigkeit eine Plattform errichtet und die Vorsicht ein Versteck hinter Wolldecken. Auf einer Gummimatratze, mit verflochtenen Pfoten, liegen zwei Siebenschläfer, ein gefleckter Hamster mit Sonnenbrille, der sich von Zeit zu Zeit Puffreis in den Mund hineinwerfen läßt, scheint ihren Schlaf zu bewachen. Springmäuse in sehr kurzen Röcken huschen gemeinsam zur Toilette, vorbei an den erschöpft tanzenden Gürteltieren, die sich mit ihren lang ausgezogenen Lippen aneinander festgesaugt haben." (60) Gewiß, dies ist alles mit den Augen des Rektor Pundt gesehen, die Rocksubkultur durch diese Darstellung aber zum harmonischen Stilleben veredelt. Die Ähnlichkeit dieser Art der Darstellung zu der der Geburtstagsfeier in ‚Deutschstunde' ist unverkennbar.

Daß dieser Sprung in eine harmonische Vergleichswelt bei der Darstellung der Problemwelten der Gegenwart kein Zufall ist, wird deutlich, wenn man die Szene betrachtet, in der Pundt den von Rockern belästigten Passanten beizustehen versucht. Hier wird die Szene gar zum modernen Ballett, zumindest in den Augen Pundts: ,,Das glatte, grünliche Holz des weit hinausragenden Steges; die dekorativen Weller, die die Pfähle belecken, die Bootsrücken gleich schlafenden, gutmütigen Tieren, und dann der feinfleckige Hintergrund, der den beweglichen Figuren nicht nur die nötige Schärfe beläßt, sondern ihnen auch etwas Allegorisches verleiht: wird das nicht wie von selbst zur Szene? – Ein Freiluft-Ballett also, das Fell- und Lederjacken und kombinierte Trainingsanzüge da draußen ohne Publikum aufführen unter dem Titel: *Der kleine Überfall*. [...] Der glatte Steg fordert von den Mitspielern Konzentration, er schreibt die Sprünge vor, er rät zu beherrschten Bewegungen. Also: *Préparation!* Und leichter bei *Petis battements dégagés!* Und nach einem Schlag von weither dann *Grand battement.* Hier gibt es keine Stange." (382 f.) Wieder wird hier versöhnlich entfremdet und harmonisiert, wird über Schmerzensschreie die schöne Allegorie geworfen. Anklänge an Grass' Erzählweise sind offensichtlich.

Auch ein anderes Lenzsches Stilmittel trägt zu diesem Eindruck der Harmonisierung und Konzilianz bei, das der Vermenschlichung von Objekten. „Rita Süßfeldt schläft", beginnt das elfte Kapitel, „Im Polsterstuhl, außerhalb des Lichtkreises ihrer Nachttischlampe, umarmt ihr Pullover mit überzeugender Schlaffheit die Stuhllehne; ihre Strümpfe, achtlos übereinandergeworfen, hängen sich aus und suchen sich zu verflechten; ein zusammengefallener brauner Rock schmiegt sich an rissiges Lederpolster; schlapp baumelt ihr Büstenhalter neben dem Stuhlbein, und über einen Arm der Lehne geringelt, von ausgeleiertem Gummi gehalten, ruht sich ein weißer Schlüpfer aus." (218) So zaubert Lenz aus einem leichten Fall von Schlamperei ein Stilleben. Die Ironie ist unverkennbar, unverkennbar auch, daß hier ein Mann schreibt, der die Klaviatur der Erzählkunst beherrscht, die Raffinements des Stils, der Metaphern, der Verfremdung und der Ironie, der den Leser einbezieht, ihn zum Komplizen macht, der wie ein Filmregisseur eine Szenerie errichtet (z. B. 7, 119).

Aber es ist zu fragen, ob er mit der Anwendung all dieser Mittel seinem Zugriff nicht die Kraft nimmt, ob er seiner Zeitkritik, und um die handelt es sich ja bei der Terrarium- und Ballettszene wohl auch, nicht den Stachel, die Verbindlichkeit nimmt. Kein Wunder, daß besonders die marxistische Kritik an diesem Punkt angesetzt hat und z. B. schreibt: „[...] die Ursache für das offensichtliche Mißlingen dieses Romans wird man [...] darin sehen können, daß [...] der intellektuelle, politisch-moralische Anspruch, den das vorgesetzte Thema herausfor-

dert, von Lenz erzählerisch so bedient wird, als habe er es mit
dem überkommenen Personal seiner bisherigen Romane und
Erzählungen zu tun. Die Problemstellung – welches Vorbild
kann man der Jugend heute in der BRD anbieten? – fordert einen
Debattenroman, das weltanschauliche Streitgespräch, fordert
Kenntnis und Reflexion der pädagogischen und mehr noch der
politischen Auseinandersetzungen, wie sie die verschiedensten
Formen seit Mitte der sechziger Jahre beherrschten.'"[41] Hier also
wieder der Vorwurf der geistigen Unschärfe, wie ihn auch Hans
Mayer im ,Spiegel' erhob. Aber was ein Marxist fordert, kann
und will Lenz nicht geben: ideologische Festlegung, Stellungnahme zu einem bestimmten Zweck. Genauso wie Lenz kein
Mitglied der SPD ist, legt er sich auch in seinem Gegenwartsroman ,Das Vorbild' nicht ideologisch fest. Er spielt mit dem
Leser, fesselt ihn, läßt ihn erwägen, prüfen und verwerfen, um
zu zeigen, daß es heute kein Einmaleins des Vorbilds mehr gibt.
Er weckt den Zweifel, regt an zur Diskussion. Mehr will er
nicht. Vielleicht ist das heute, weil vom Schriftsteller eindeutige
ideologische Glaubensbekenntnisse verlangt werden, nicht genug. Dann muß man einen Roman wie ,Das Vorbild' tatsächlich
als zu unverbindlich verurteilen. Mißt man das Ergebnis an der
Intention des Schriftstellers, darf man dies nur bedingt. Lenz'
,Vorbild' ist ein, sagen wir ruhig, ,demokratischer' Roman, der
vom Leser Wahl und schwierige Urteile verlangt. Darin liegt
seine Schwäche und zugleich seine Stärke. Daß die Kritik einen
derart offenen Roman 1973 abgelehnt hat, überrascht nicht.

2. Erzählungen

*Gesammelte Kurzgeschichten: ,Jäger des Spotts', ,Das Feuerschiff',
,Der Spielverderber', ,Einstein überquert die Elbe bei Hamburg'*

Lenz' Entwicklung als Schriftsteller läßt sich klarer noch als an
seinen Romanen an den folgenden vier Sammlungen von Erzählungen ablesen, von denen die ersten drei später in der Ausgabe

‚Gesammelte Erzählungen' (Hamburg 1970) in einem Band gemeinsam veröffentlicht wurden:
1. ‚Jäger des Spotts. Geschichten aus dieser Zeit' (1958);
2. ‚Das Feuerschiff. Erzählungen' (1960);
3. ‚Der Spielverderber. Erzählungen' (1965);
4. ‚Einstein überquert die Elbe bei Hamburg. Erzählungen'
   (1975).

Vielen Geschichten dieser vier Sammlungen ist ein Grundthema
gemeinsam, das auch in Lenz' gleichzeitigen Romanen eine
Rolle spielt, das in der Form der Erzählung, der Kurzgeschichte
aber viel pointierter zutage tritt. In seiner ‚Autobiographischen
Skizze' von 1962 erklärt er, wie er durch den Zusammenbruch
des Dritten Reiches zu seinem zentralen Thema kam: „Dann
wurden die Mächtigen machtlos, die Meister der Gewalt büßten
ihre Herrschaft ein, und seit damals hat mich dieser Augenblick
immer wieder beschäftigt: um selber verstehen zu lernen, was
mit einem Menschen geschieht, der ‚fällt', abstürzt, verliert,
habe ich einige Geschichten geschrieben, in denen der Augenblick des ‚Falls' dargestellt wird. Schreiben ist eine gute Möglichkeit, um Personen, Handlungen und Konflikte verstehen zu
lernen." (‚Stimmungen der See', 78) Der Fall und der Augenblick der Wahrheit, der Bewährung, des Tests sind die beiden
Punkte, auf die hier Gewicht zu legen ist, und damit ist der
Schritt zu Hemingway und dem „moment of truth" in seinen
Geschichten nicht mehr weit, ja wenig später in seiner ‚Autobiographischen Skizze' bekennt sich Lenz ausdrücklich zu Hemingway als seinem Lehrer, neben Dostojewski, Faulkner und
Camus.

Eine genauere Betrachtung zeigt sogar, daß Hemingway
wohl den stärksten Einfluß auf Lenz' Schriften der späten fünfziger und frühen sechziger Jahre ausgeübt hat. Vergessen wir
nicht, daß Hemingway in dieser Zeit der populärste amerikanische Schriftsteller in Deutschland war, war es doch vor allem die
Literatur der angelsächsischen Länder, die in Deutschland mangels einer vergleichbaren neuen deutschen Literatur gelesen und
imitiert wurde. So entwickelten Autoren wie Wolfgang Bor-

chert, Heinrich Böll, Gerd Gaiser, Bastian Müller und Siegfried Sommer ihren Prosastil anhand des Hemingwayschen einfach-sprachlichen Vorbildes.[42] Zweifellos gehört in diese Autorenrei-he auch Lenz, dessen Entwicklung als Kurzgeschichtenautor sich nur als Weg von der Imitation zur Lösung von Hemingway verstehen läßt.

In der Titelerzählung von ‚Jäger des Spotts‘ ist der Einfluß des Amerikaners am deutlichsten; die Handlung von ‚The Old Man and the Sea‘ scheint direkt auf die Eskimo-Umgebung der Ge-schichte transponiert zu sein: Atoq, ,,der schlechteste Jäger von Gumber-Land‘‘, fährt schon früh zur Jagd aus, um nicht von seinen Dorfgenossen verspottet zu werden. Es gelingt ihm, zwei Moschusochsen zu erlegen, von denen einer ein gefürchteter alter Bulle ist, der selbst Atoqs Vater, den großen Jäger, in Verlegenheit gebracht hatte. Nachts stehlen Eisbären das Fleisch, und Atoq bringt nur seine von dem Bullen zerbrochene Flinte, seine zersplitterte Harpune und die mächtigen Hörner des Bullen mit nach Hause. ,,Er blickte nur auf den Weg, und die ihn empfingen und auf seinen Schlitten sahen, sprachen nicht, sie schwiegen.‘‘ (dtv-Ausgabe, 102) Die Haltung des Jägers ist ent-scheidend, nicht sein äußerer Erfolg. Neben dem so ähnlichen ‚alten Mann‘ Hemingways erfüllt auch dessen Geschichte vom Stierkämpfer Romero in ‚The Sun Also Rises‘ ein derartiges Ethos.

Grund für Atoqs Auszug zur Jagd war, daß er seinen Namen aus den Spottliedern der Stammesgenossen verbannen wollte, also der Versuch einer sozialen Integration. Ein ähnliches Motiv liegt der Kutterfahrt des jungen Mannes in ‚Drüben auf den Inseln‘ zugrunde, der, als Fremder nicht akzeptiert, sich durch eine waghalsige Ausfahrt Respekt und Anerkennung verschaf-fen möchte und dabei umkommt.

‚Das Wrack‘ ist eine andere Geschichte in ‚Jäger des Spotts‘, die ebenfalls stark von Hemingway beeinflußt ist, und zwar von ‚After the Storm‘: Ein Fischer, dessen Arbeit in der Flußmün-dung sich kaum noch lohnt, entdeckt ein Wrack. Er verkauft seinen Außenbordmotor für ein Sauerstoffgerät, um es zu erreichen, stellt dann aber fest, daß das Schiff nur Pferde geladen hatte, als es unterging, so daß seine ganze Anstrengung vergeblich war. Wieder hat sich ein Mann mit seiner ganzen Kraft für ein Ziel eingesetzt, das sich beim Erreichen als wertlos erwies. Wieder ist ein Mann nur äußerlich besiegt; er selbst ist ungebrochen. ,,Wie bei Hemingway", schreibt Lenz selbst später interpretierend, ,,wird die Niederlage ohne Erregung, ohne Kommentar mitgeteilt. Das Eingeständnis der Niederlage drückt sich allenfalls in der Regungslosigkeit aus, mit der Vater und Sohn sich am Schluß gegenübersitzen, während die Strömung ihr Boot abtreibt." (Mein Vorbild Hemingway. Modell oder Provokation, in: Beziehungen, 56)

Oder: ,Lukas, sanftmütiger Knecht' spielt zur Zeit des Mau-Mau-Aufstands (1952) in Kenia: Ein englischer Farmer wird von schweigsamen Aufständischen unter der Führung seines ehemaligen Knechts Lukas aufgehalten, nimmt an einer Haßzeremonie teil und wird dann freigelassen, damit er in einer gesetzten Frist seine Farm mit Frau und Tochter noch erreichen kann, bevor man dort alles niederbrennt. Als er erschöpft dort ankommt, ist die Farm schon niedergebrannt. Die Asche ist kalt.

Oder: Vittorio in ,Nur auf Sardinien', der unschuldig eines Mordes angeklagt ist, wird von seiner Frau der Polizei übergeben, damit er, schwer erkrankt, ärztliche Hilfe bekommt und damit sie die auf seinen Kopf gesetzte Prämie zu seiner – erfolgreichen – Verteidigung benutzen kann. Aus dem Gefängnis entlassen, wendet er sich von ihr ab und geht allein hinaus: Der Stolz des Mannes erträgt die Mittel der Rettung nicht.

Lenz' ,Helden', Fred Holten in ,Der Läufer' wäre hier einzuschließen (ein Läufer, der noch einmal seine ganze Kraft zum Sieg zusammennimmt und dann disqualifiziert wird), sind einfache Männer, wie wir sie aus Hemingways Geschichten kennen: Bauern und Fischer, Jäger, Athleten, Menschen mit stark ausgeprägtem Ehrgefühl und einem heroischen Ethos. Sie stehen einer feindlichen, bösartigen Welt gegenüber, in der sie sich bewähren müssen. Unter größter Anstrengung und persönlichen Opfern, mit äußerster Ausdauer kämpfen sie gegen eine trügerische Wirklichkeit und unterliegen einem grausamen Schicksal, in ungebrochener Haltung, erfolglos, betrogen, aber nicht besiegt.

Schon die Sammlung ‚Jäger des Spotts‘ enthält aber Erzählungen, die nicht Hemingway verpflichtet sind, Erzählungen zeitkritischer Art, in denen Lenz, in vielem dem Kurzgeschichten-Erzähler Böll ähnlich, an der wirtschaftlichen Blüte der Bundesrepublik und den fragwürdigen Auswüchsen der neuen Gesellschaft Kritik übt. ,,Es erfolgte keine plötzliche Herausforderung durch das Vorbild‘‘, schreibt Lenz hierzu, ,,ich dachte an keine gewaltsame Distanzierung, wollte Hemingway nicht spontan überwinden, um, sozusagen, das Etikett seines Schülers zu verlieren; vielmehr war ich nur darauf aus, herauszubekommen, wie weit der eigene Pfeil fliegt. Neugierde auf meine Möglichkeiten – das war es, was die Tendenzen zur Unabhängigkeit zunächst weckte und charakterisierte. Um diese Neugierde zu befriedigen, schrieb ich einige Geschichten, die auch mit Anstrengung nicht in die Nähe Hemingways gebracht werden können: Satiren und zeitkritische Erzählungen, in denen gedacht und unwillkürlich kommentiert wurde. ‚Mein verdrossenes Gesicht‘, ‚Der seelische Ratgeber‘, ‚Der große Wildenberg‘ – das sind solche Beispiele.‘‘ (Beziehungen, 58.) Wie bei Böll sind auch für Lenz Außenseiter der Gesellschaft Spielfiguren, oder die Schmarotzer der Konsumgesellschaft, denen es gelingt, aus einem verborgenen Mangel einen ausgefallenen Beruf zu machen: Da ist ‚Der seelische Ratgeber‘ einer großen Zeitschrift, der – Kontrast ist Strukturprinzip – allen anderen Rat spendet, selbst aber sein eigenes Leben nicht zu meistern versteht. In ‚Mein verdrossenes Gesicht‘ stellt ein Heimkehrer sein melancholisches Gesicht der Werbung zur Verfügung, die Lenz schon in ‚Der Mann im Strom‘ gegeißelt hatte, bis sein Mitleid mit einem anderen Unglücklichen die Pose zerstört. ‚Der große Wildenberg‘ zeigt die Einsamkeit des hohen Wirtschaftsführers, der auf einem Abstellgleis zur Bedeutungslosigkeit verdammt ist, im Konstrast von Sein und Schein. Der eigentliche ‚Bruch mit Hemingway‘ zeigt sich in Lenz’ nächster Erzählanthologie,

,Das Feuerschiff' (1960), und zwar sind es nach seiner eigenen Aussage in einem Aufsatz mit dem provokativen Titel ,Warum ich nicht wie Hemingway schreibe'[43] folgende Punkte, die seine Distanzierung von seinem Vorbild begründen:

1. Fehlen von Zeitkritik, Kritik an Bedingungen der eigenen Umwelt im Werk Hemingways: ,,Die begrenzte, aus künstlerischer Vorsätzlichkeit begrenzte Perspektive Hemingways gab keinen Blick frei auf die Sachverhalte, Konflikte, Motive, die ich an meinem Ort, in meiner Umgebung entdeckte und die ich mich allmählich für ebenso wichtig zu halten gezwungen sah wie die Wirklichkeit des Kampfes und die heroischen Augenblicke des Scheiterns à la Hemingway." (Beziehungen, 59)

2. Fehlen von historischer Perspektive bei Hemingway: ,,Ich erfuhr, wie wichtig es ist, die Hypotheken der Vergangenheit anzuerkennen, überhaupt einen Gaumen für die Bedeutung von Vergangenheit zu zeigen – etwas, was mein literarisches Vorbild nicht tat, nicht tun konnte." (ebenda)

3. Lenz lehnt Hemingways Beschränkung auf Grenzsituationen und ,Augenblicke der Wahrheit' ab: ,,Ich lernte einzusehen, daß Leben nicht nur aus Momenten gewaltsamer Erprobung besteht. Ich kam zu der Überzeugung, daß auch andere Augenblicke Würde beanspruchen oder verleihen als nur die Nähe des Todes." (ebenda)

4. Er erkennt das Wirken einer ,,verändernden Intelligenz" an, den durch Jahre hindurch wirkenden Wechsel: ,,Was mich interessierte und was ich bei meinem Vorbild vermißte, das ist die Zeit zwischen und nach den Niederlagen, das sind die Jahre der Entscheidungslosigkeit, das sind die Vorspiele und Nachspiele zu den Sekunden der Prüfung." (ebenda)

5. Hemingways Stil ,,scheint [...] nicht ausreichend zur Wahrnehmung der Randzonen. Da wird zuviel übersehen, vernachlässigt. Der Stil Hemingways formt die Geschehnisse zu wenig um. Er verzichtet auf den Gebrauch von Synonymen. Er hat vor allem zu wenig Raum für Reflektion." (ebenda, 62f.)

Waren zeitkritische Erzählungen und Satiren als Zeichen einer neuen, zu Hemingways Einfluß hinzukommenden Dimension schon in dem Band ,Jäger des Spotts' enthalten, so finden sich die meisten anderen Thesen Lenz' in der Sammlung ,Das Feuerschiff' (1960) verwirklicht. So stellt die Erzählung ,Der Anfang von etwas' eine bilanzierende Bestimmung von Lenz' neuer Beziehung zu Hemingway dar, eine praktische Begründung seines neuen Standpunktes. Schon der Titel ist als unmittelbare Entgegnung auf Hemingways Erzählung ,The End of Something' formuliert. Dort läßt Hemingway Nick und Marjorie zum Fischen hinausfahren, ,,um ihnen eine Gelegenheit zu geben, auf besondere Weise Schluß zu machen". (Beziehungen, 60) Nach der Rückkehr ans Ufer ,,fragt Marjorie Nick, ob die Liebe nicht schön sei, und Nick sagt nein und hat nichts anderes zu sagen als daß etwas in ihm ,zum Teufel gegangen sei'. Das genügt Marjorie; sie klettert ins Boot, Nick schiebt sie hinaus aufs Wasser und sie rudert davon: ein musterhafter Hemingway, fast eine Selbstimitation." (ebenda) Damit, meint Lenz, werde Hemingways Erfahrung verkündet, die ihm persönlich nicht mehr genüge, die Erfahrung, wonach das Unglück darin bestehe, daß wir alles hinter uns haben. ,,Ich bin der Meinung, daß sich das Unglück ebenso durch das rechtfertigen läßt, was vor uns liegt: durch offene Räume, durch offene Entscheidungen." (ebenda) So schrieb er die Erzählung ,Der Anfang von etwas': Der Wachmann eines Feuerschiffs versäumt im Schneetreiben sein auslaufendes Schiff. Er zieht in eine Kellerkneipe, wo er etwas trinkt und in der Kellnerin seiner Vergangenheit begegnet, was ihn zum Bilanzieren von Vergangenheit und Gegenwart zwingt. Da erfährt er aus der neuesten Zeitung, daß sein Schiff von einem Tanker gerammt wurde. Sein eigener Name steht in der Liste der Opfer; niemand wurde gerettet. Er wittert eine Chance für ein neues Leben und wirft sein Gepäck – symbolisch – zwischen die treibenden Eisschollen: Der ,Anfang von etwas' kann beginnen. Lenz' Kommentar dazu lautet: ,,Ich wollte Hemingway antworten, daß nichts mit dem Ende aufhört, und daß andererseits jeder Anfang nicht makellos vorhanden ist, sondern seinerseits eine Vorgeschichte voraussetzt. Dabei kam es mir nicht darauf an, Hemingway zu widerlegen,

sondern ihn zu korrigieren im Sinne meiner Erfahrungen."
(ebenda, 61)

Andere Aspekte der von Lenz neugefundenen geistigen Unabhängigkeit als Schriftsteller, Aspekte, die bewußt Hemingway zu negieren scheinen, finden sich in der Titelerzählung ‚Das
Feuerschiff'. Andere, weniger produktive Schriftsteller hätten
diese Erzählung wohl als kleinen Roman ausgegeben; sie ist
zumindest aber eine Novelle klassischer Definition (mit kleinem
Personenkreis, Zuspitzung auf einen Konflikt, einem ‚Wende-
punkt', dem Feuerschiff als Dingsymbol, mit einer ‚unerhörten
Begebenheit' als Handlung). Freytag, Kapitän des Feuerschiffs,
hat auf seiner letzten Wache seinen Sohn Fred mit aufs Schiff
genommen. Fred sichtet drei Schiffbrüchige in einem Boot, die
sich, an Bord geholt, als drei Schwerverbrecher entpuppen; die
brutalen Brüder Kuhl, von denen einer kurz vorher einen Geld-
briefträger ermordet hat, und der Rechtsanwalt Dr. Caspary,
der, wie er Freytag erzählt, ein dreifaches Leben führte und ein
Erpresserbüro unterhielt. Die Verbrecher, die wegen eines Mo-
torschadens das Feuerschiff nicht mehr verlassen können, über-
nehmen das Kommando. Weil die Mannschaft waffenlos ist,
weigert sich Freytag hartnäckig zu versuchen, die schwerbe-
waffneten Banditen zu überrumpeln oder per Funk Hilfe herbei-
zurufen. So steht er schließlich allein gegen seine Mannschaft
und seinen Sohn, der ihn schon für einen Feigling hält, seit er
gerüchtweise gehört hat, daß sein Vater bei einem Abenteuer in
der Levante einem gefangenen Kameraden nicht geholfen hat.
Dem Argument Freytags, Handeln sei sinnlos gewesen, glaubt
er nicht. Erst als die Banditen versuchen, mit dem Feuerschiff zu
segeln, es also von seinem Platz zu bewegen, leistet Freytag
Widerstand. Sein Nein – er erhält dabei einen Bauchschuß – gibt
das Signal zum Widerstand von Sohn und Mannschaft, wobei
die Banditen überwältigt werden.

Freytag erinnert in vieler Hinsicht an die Helden Hemingways; er ist ein wortkarger, aufrechter, tapferer Mann, aber
seine Tapferkeit zeigt sich erst dann, als ein Einsatz sinnvoll
wird, als es um das Verbleiben des Schiffs an seinem Platz geht.

„[...] mehr noch, seine Art von Gediegenheit entlarvt den eitlen Charakter der Art von Tapferkeit, die um ihrer selbst willen da ist. Der Kapitän ist [damit] so etwas wie ein Anti-Hemingway-Charakter".[44] Statt erfolgreicher Rebellion, Entfaltung von risikoreichem Heroismus mit zweifelhaftem Erfolg verficht er das Argument von Ruhe, Sicherheit und minimalem Risiko (vgl. dtv-Ausgabe, 31). Von seinem Sohn mit Vorwürfen in die Enge getrieben, formuliert er seine Haltung des Stillhaltens angesichts der Gewalt: „Solange du glaubst, daß die einzige Möglichkeit eines unbewaffneten Mannes darin besteht, sich mit Gewehrmündungen einzulassen, halte ich nichts von dem, was du weißt. Ich werde dir etwas sagen, Junge: ich war nie ein Held, und ich möchte auch kein Märtyrer werden; denn beide sind mir immer verdächtig gewesen: [...]. Wer keine Waffen hat und keine Gewalt, hat immer noch mehr Möglichkeiten, und manchmal glaube ich, daß hinter diesem Wunsch, sich um jeden Preis den Gewehrmündungen anzubieten, der schlimmste Egoismus steckt." (55) Aktion, Handeln erscheint hier, wie in ‚Das Vorbild', als Krankheit unserer Zeit, als falsches Ideal (Freytag: „[...] ihr glaubt alle, daß unbedingt etwas geschehen muß: ihr seid versessen darauf, gleich immer zu handeln: es ist wie eine Krankheit." [96]). Erst am Schluß, als es um das Schiff geht, entschließt sich auch Freytag zum Handeln, zum Widerstand, selbst ohne Waffen: Er weiß im Gegensatz zum Sohn und zur Mannschaft, wann sich der Widerstand lohnt. Individuelle Verantwortung, Abwägen der Chancen, Einsatz der ganzen Person, aber nur im Ernstfall, gegen unüberlegtes Handeln um jeden Preis: das ist seine Lebensphilosophie, und Freytag dürfte damit Lenz' Sprachrohr sein.

Warum lohnt es sich für Freytag plötzlich, Widerstand zu leisten? Mit der Beantwortung dieser Frage wird der Parabelcharakter der Erzählung deutlich. Mehrfach wird angedeutet, daß der Versuch der Ankerlichtung für Freytag die Grenze ist, bis zu der er die Verbrecher wird gehen lassen (28 f., 71); denn: „Wenn ein Feuerschiff seine Position verläßt, hört für die andern die Sicherheit auf. [...] Dann wird es Folgen haben, die niemand übersehen kann. Wenn ein Schiff draußen untergeht, dann ist es ein einzelnes Unglück und gehört zu dem Preis, den die Seeleute zahlen müssen, aber wenn ein Feuerschiff von seinem Standort verschwindet, hört die Ordnung auf See auf." (28f.) Ordnung ist für Freytag der höchste Wert: Das Feuerschiff mit seiner Funktion des sicheren Leitens und Schützens anderer Schiffe ist Garant dieser Ordnung in seiner unverrückbaren Position. Demgegenüber verkörpern die Verbrecher Unordnung und Gewalt, und nicht zufällig bezeichnet Dr. Caspary das Logbuch des Schiffes als „die Fallen der Ordnung" (37), als er die Eintragungen des Kapitäns über die Kommandoübernahme der Banditen herausreißt und vorschlägt, hier einen weißen Fleck in der Geschichte des Schiffes zu lassen.

Zweifellos erinnert die Erzählung an Lenz' Hörspiel/Drama ‚Zeit der Schuldlosen', nicht nur in ihrem Parabelcharakter, nicht nur im Eindruck des Konstruierten, sondern auch in der Begrenzung von Schauplatz und Personenzahl und im Prinzip von individueller Verantwortung, dem Lenz hier in der Person Freytags das Wort redet. Sieht man die Erzählung als politische Allegorie, und das muß man *auch,* so wird hier das Thema von Gesellschaft und Widerstand gegen Usurpatoren der Regierungsgewalt abgehandelt, von der Toleranz und ihren Grenzen.

Natürlich enthält die Erzählung auch einen zweiten, individuell-privaten Konflikt, den zwischen Vater und Sohn, einen Konflikt, der sich durch die beispielgebende Tat Freytags am Schluß fast beiläufig löst. Wenn der verwundete Freytag, von dem wir nicht wissen, ob er am Leben bleiben wird, am Schluß den Sohn wortkarg fragt: „Alles in Ordnung?" und der Sohn antwortet: „Alles", so erhält damit nicht nur das Wort ‚Ordnung' eine neue Dimension, vielmehr wird wie z. B. auch in ‚Der Mann im Strom' oder ‚Das Wrack' ein neues enges Einverständnis zwischen Vater und Sohn angedeutet.

Keine andere Geschichte des Bandes kennt eine Szene, die einen Hemingwayschen ‚moment of truth' oder die heldenhafte Bewährung, heroische Anstrengung mit dem Resultat der Erfolglosigkeit enthält. Am ehesten ließe sich ‚Stimmungen der

See' noch nach diesem Schema interpretieren: Drei Männer, ein junger Soldat, sein ehemaliger Professor und ein von ihnen bezahlter Ruderer, versuchen, in einem Boot über die Ostsee nach Schweden zu fahren, nachdem sie ein bestellter Kutter nicht abgeholt hat. Nach überstandenem Sturm erreichen sie eine Küste und stellen fest, daß es die eigene ist. Soldaten mit Maschinenpistolen erwarten sie. Der Professor ertrinkt in der Brandung. Der Titel ‚Stimmungen der See' ist dabei nicht nur vordergründig auf die Wetterverhältnisse zu beziehen, sondern auch auf die psychologischen Faktoren, das Verhältnis der drei Männer, von denen der jüngste seinen ehemaligen, im praktischen Leben untüchtigen Professor mit Spott behandelt, während dieser sich mit einem Fläschchen Gift als einziger einen privaten Ausweg offen gelassen hat. Wie in den meisten Romanen Lenz' der genaue Ort offen bleibt, ist auch hier nicht einmal mit Sicherheit auszumachen, ob es sich bei dem Land, aus dem die Männer fliehen, um das Deutschland des Dritten Reichs oder die DDR handelt. Lenz' Augenmerk gehört hier noch nicht dem Konkret-Politischen.

Auch in der Erzählung ‚Ein Freund der Regierung' läßt sich nicht bestimmen, durch welches südeuropäische (?), unter einer Diktatur stehende Land eine Gruppe von Journalisten fährt, um von der Regierung vom Fortschritt des Landes überzeugt zu werden. Wichtig ist allein die symbolische Chiffre der Pointe: Ein erklärter ,,Freund der Regierung", der die Machthaber mit stereotypen Beteuerungen immer wieder verteidigt, drückt dem Erzähler beim Abschied eine Papierkugel in die Hand, in der dieser einen menschlichen angesplitterten Zahn findet, und er ,,wußte, wem er gehört hatte". (109) Die ganze Lügenhaftigkeit der Propagandafassade des totalitären Systems ist mit diesem Symbol widerlegt.

Um eine Diktatur geht es auch in einer anderen Erzählung der Sammlung: ‚Der Sohn des Diktators', der geheime Chef der Untergrundbewegung, wird von seinem intelligenteren Vater verhaftet. Er wird öffentlich für tot erklärt und in einem Privatgefängnis aufbewahrt. Diese Geschichte ist zwar als Teilparallele zu der Komödie ‚Das Gesicht‘ interessant, als im Grunde unpolitische Groteske jedoch von vergleichsweise fragwürdiger Qualität.

‚Risiko für Weihnachtsmänner‘ und ‚Der Amüsierdoktor‘, eine Satire auf die Verkaufs- und Werbepraktiken heutiger Firmen, setzen die zeitkritischen Anfänge des Schriftstellers aus ‚Jäger des Spotts‘ fort. ‚Der Amüsierdoktor‘, dessen Titelfigur dem Leser schon aus ‚Brot und Spiele‘ bekannt ist, gehört in die Reihe von Erzählungen über ausgefallene Berufe, wie sie durch die Auswüchse der kapitalistischen Wirtschaft möglich geworden sind. Er ist „Spezialist für die Aufheiterung der wesentlichen Kunden“ einer Fabrik für Fischverarbeitungsmaschinen: „[...]: wenn die zehrenden Verhandlungen des Tages aufhören, werden die erschöpften Herren mir überstellt, und meinen Fähigkeiten bleibt es überlassen, ihnen zu belebendem Frohsinn zu verhelfen, zu einer Heiterkeit, die sie für weitere Verhandlungen innerlich lösen soll.“ (154)

Die Bedeutung der Sammlung ‚Das Feuerschiff‘ liegt vor allem darin, daß sie Lenz’ Abschied von seinem literarischen Vorbild Hemingway bezeugt. Pointiert zeitkritische Erzählungen, die das neugewonnene Engagement des Schriftstellers zeigen, finden sich erst in der nächsten Sammlung, ‚Der Spielverderber‘ (1965). Aber auch in den Erzählungen dieser neuen Sammlung ‚widerlegt‘ Lenz Hemingway, indem er gerade in den wichtigsten Geschichten die Vergangenheit in ihrer Beziehung zur Gegenwart thematisiert. Dabei geht es ebenfalls nicht mehr um eine heroische Augenblicksanstrengung, sondern um die schrittweise Enthüllung von Vergangenheit.

Die Vergangenheit des Dritten Reiches ist es vor allem, die in der Titelerzählung dem ‚Helden‘ Joseph Wollina zum Verhängnis wird, nicht etwa, weil sich da ein dunkler Punkt in seinem eigenen Leben fände, sondern weil er, der vor den Toren Hamburgs in einem Dorf aus Güterwagen und Wellblechhütten lebende soziale Außenseiter, die Fähigkeit besitzt, sich an das zu ‚erinnern‘, was man ihm nie erzählt hat. So ‚erinnert‘ er sich – und seinen Lehrer – daran, daß dessen alte englische Standuhr

einem Kollegen gehörte, der emigrieren mußte; als Anschau-
ungsperson in einem psychiatrischen Kolleg schreibt er aus dem
‚Gedächtnis' slavische Namen an die Tafel, Namen von Patien-
ten des Professors während des Krieges; seine Geliebte, Meta,
klärt er über die Identität ihres wahren Vaters auf und verliert sie
dadurch. Als er den Versicherungsbetrug einer Reederei feststellt, läßt ihn deren Besitzer wegen Erpressungsversuchs ver-
haften: ,,Wer Paradiese erreichen will, muß vorher das Gedächtnis verbannen", heißt es zum Schluß (dtv-Ausgabe, 65). Anders
ausgedrückt: die heutige Gesellschaft der Bundesrepublik existiert nur, weil sie imstande ist, vor der Vergangenheit Augen
und Ohren zu verschließen. Wer sich erinnert und nicht bereit
ist, die Vergangenheit zu vergessen, wird zum Spielverderber,
zum Asozialen, zum Verbrecher, dem man nur durch Verhaf-
tung beikommt.

Auch der Ostpreuße Josef Tubacki erinnert sich, als er mit
seinem Kumpan Altmaterialien sammelnd in einem abgelege-
nen Stadtteil plötzlich vor einer Hutfabrik steht, in der er während des Krieges Zwangsarbeit geleistet hatte und die ihm aus
dieser Zeit noch die Summe von 92,80 Mark schuldet. Die
Fabrik zeigt sich auch zu einer großzügigen Abfindung von 250
Mark bereit, aber Josef Tubacki läßt sich selbst durch seinen
drängenden Freund nicht zur Annahme von mehr, als ihm zu-
steht – was ,,verbucht" ist – bewegen. Weder der komfortable
Aufenthalt beider im Gästehaus noch die Teilnahme an einem
Betriebsausflug können ihn von seiner bescheidenen Forderung
abbringen. Wie sich herausstellt, hat die Fabrik Angst davor,
einen Präzedenzfall zu schaffen, und als sich schließlich Josef
Tubacki doch von seinem Freund überreden läßt, präsentiert
man ihm eine Gegenrechnung (Spenden für OG, WHW, NLP,
Reichssondersteuer, Kriegssteuer), wonach *er der Fabrik* noch 8
Mark, 65 Pfennig schuldet.

Wie Joseph Wollina erweist sich auch Josef Tubacki als ein
Spielverderber, der der wohlfunktionierenden Wirtschaft der
Bundesrepublik der fünfziger Jahre mit seiner alten Forderung
Sand ins Getriebe zu streuen versucht. Auch in dieser Geschichte

bemüht sich die Gesellschaft, die Erinnerung an das Dritte Reich zu verdrängen und sich mit Zahlung einer viel höheren Abfindungssumme von der alten Schuld der Vergangenheit freizukaufen. ,,Tubackis provozierende Ablehnung dieses Angebots entlarvt solche Art von ‚Wiedergutmachung‘ als Beschwichtigung des Gewissens durch Almosen. Die Reaktion der herrschenden Schicht erweist sich als ‚Reaktion‘ im politischen Sinne: Wenn man schon vergangene Schuld anerkennen soll, stellt man die Gegenrechnung auf und gelangt noch gar zu einem Saldo.‘‘[45]

Als Spielverderber ist auch Albert Schull anzusehen, der Kapitän und Eigentümer des Lastkahns ,,Berta II‘‘, der, als das Frachtbüro seine Entdeckung der größeren Ladekapazität seines Schiffes – 32 Jahre hatte man ihm zu niedrige Frachttarife gezahlt – nicht anerkennen will, sein Schiff bei seiner letzten Fahrt auf Grund laufen läßt, denn: ,,Bei der Bergung rechnen sie genau.‘‘ (116) Die Erzählung erinnert zwar an Bölls ‚Waage der Baleks‘, hier aber gelingt es der Intelligenz Schulls, der Welt der Geschäfte und Konzerne mit ihren eigenen Mitteln ein Schnippchen zu schlagen.

‚Schwierige Trauer‘ ist die Schmährede eines Sohnes, als er vom Tode seines in einem Obdachlosenasyl verstorbenen Vaters hört: Der Vater hatte als einstiger Bürgermeister von Luknow, ,,unserer alten Grenzstadt im Osten‘‘ (125), lieber, einen Befehl befolgend, geschichtliche Dokumente zu retten versucht als Menschenleben. Der ,,verhängnisvollste Irrtum‘‘ seines Lebens war die Überzeugung, ,,die Geschichte einer Stadt wöge das Leben eines einzigen Menschen auf‘‘. (129)

Sind diese Geschichten vor allem zeitkritisch, so stehen bei anderen menschliche Aspekte im Vordergrund. ‚Ball der Wohltäter‘ ist nicht nur eine Kritik der Grausamkeit von Schlagergeschäft und manipuliertem Startum, sondern stellt die Verzweiflung einer ehemals populären Sängerin in den Mittelpunkt, die sich auf einem für ein mögliches Come-back wichtigen Ball völlig undiplomatisch danebenbenimmt. ‚Der Gleichgültige‘ geißelt die gleichgültige Haltung eines Mannes, der einem Finnen seine Küche vermietet, obwohl er ahnt, daß dieser darin nur Selbstmord begehen will. ‚Ihre Schwester' ist nicht so sehr Satire auf die Praktiken von Eheanbahnungsinstituten und Parodie eines verkrachten Studenten, als vielmehr Charakterstudie eines Mädchens, das seine ganze Existenz im Wunschdenken auf eine vor mehreren Jahren tödlich verunglückte Schwester projiziert. So stehen zwar zeitkritische Aspekte, vor allem solche, bei denen das Verhältnis von bundesdeutscher Gegenwart und Drittem Reich in den Blickpunkt rückt, im Zentrum des Interesses, gleichzeitig enthält diese Sammlung aber auch psychologisch-menschlich interessante Studien.

Im August 1975 legte Lenz seinen bisher letzten Band Erzählungen unter dem Titel ‚Einstein überquert die Elbe bei Hamburg' vor. Wie bei einem Band, der 13 Erzählungen aus fast einem Jahrzehnt umfaßt, nicht anders zu erwarten ist, sind Themen, Konflikte, Erzähltechnik und Stil höchst unterschiedlich. So könnten mehrere, vor allem in den sechziger Jahren geschriebene Erzählungen durchaus in einer früheren Sammlung enthalten sein: ‚Das Examen' (1969) handelt von einer Frau, die ihrem Mann zuliebe ihr Studium abgebrochen hat und nun während seines mündlichen Germanistik-Examens um ihn bangt. Ihre Vorbereitungen einer bescheidenen Examensfeier erweisen sich als vergeblich. Zwar besteht der Mann mit Auszeichnung, aber sie wird überraschend krank, und er läßt sie allein in der Wohnung zurück. Eine psychologische Studie, die aber auch im Sinne der Frauenemanzipation interpretiert werden darf. ‚Ein Grenzfall' (1966) handelt von einem jungen Zöllner, der sein gestohlenes Fernglas im Spind eines Kollegen wiederzufinden glaubt und sich – die Schlußpointe – nun seinerseits wegen Diebstahls zu rechtfertigen haben wird. ‚Die Schmerzen sind zumutbar' (1966) führt in eine Diktatur, die an Kafkas ‚Strafkolonie' gemahnt. Der Diktator unterzieht sich selbst der Tortur, um mit den Worten des Titels die öffentliche Kritik zum Verstummen zu bringen. Während er jedoch jederzeit die Möglichkeit gehabt hätte, das Verhör durch Heben des rechten Zeigefingers zu unterbrechen, hat man den echten Häftlingen vorsorglich den Finger gebrochen. Die Atmosphäre der Erzählung erinnert an ‚Ein Freund der Regierung‘. ‚Die Augenbinde‘ (1966) ist wohl eine Vorstudie zu dem gleichnamigen Drama (1970), und der Dialog ‚Herr und Frau S. in Erwartung ihrer Gäste‘ (1970) kann die Verwandtschaft mit dem analytischen Hörspiel ‚Haussuchung‘ (1963) nicht leugnen, bringt aber mit der „Frage nach der Identität des Menschen und ihrer Vertauschbarkeit“ (Klappentext) doch etwas Neues.

Zeitbezogener als diese Erzählungen und damit typischer für den ‚neuen‘ Lenz der ‚Deutschstunde‘ und des ‚Vorbilds‘ sind die folgenden meist jüngeren Geschichten: Um illegale türkische Gastarbeiter in der Bundesrepublik geht es in ‚Wie bei Gogol‘ (1973), wo ein von einem Auto angefahrener Türke um jeden Preis den Kontakt mit der deutschen Polizei vermeidet. In ‚Die Strafe‘ (1970) klagt sich ein alter Amtsarzt selbst aller möglichen strafbaren Vergehen in seiner Vergangenheit, u. a. während des Dritten Reiches, an, wofür ihn ein von seinem Schwiegersohn (?) und seinen juristischen Freunden gespielter Gerichtshof mangels Beweises freispricht. Die bundesrepublikanische Gesellschaft will die Vergangenheit auch hier vergessen und sieht Verfehlungen in der Nazizeit in versöhnlichem Licht. Jemand, der selbst auf Rechtfertigung und Betrafung besteht, ist ihr unangenehm. In ‚Achtzehn Diapositive‘ (1973) beschwört der Lichtbildvortrag eines ehemaligen Emigranten völlig absichtslos ebenfalls die Vergangenheit des Dritten Reiches, worauf seine Gäste mit peinlicher Empfindlichkeit reagieren. Unter anderen persönlichen Erlebnisvoraussetzungen betrachtet, erweisen sich die harmlos gemeinten Lichtbilder als provokativ. Die am ungarischen Plattensee spielende Erzählung ‚Wellen des Balaton‘ (1973) erinnert in ihrer Parabelhaftigkeit an Uwe Johnsons ‚Zwei Ansichten‘ (1965). Es wird von der Begegnung eines westdeutschen Ehepaares mit aus der DDR kommenden Verwandten des Mannes berichtet. Das Wiedersehen wird durch die Taktlosigkeit und den zur Schau gestellten Wohlstand der Westler, die unfähig sind, sich in die Lage der DDR-Bürger zu versetzen, zum Fiasko. In dieser Gruppe von Erzählungen hat

Lenz vom Thema her die zeitkritischen Ansätze von ‚Der Spielverderber‘ weitergeführt und nun eine Aktualität erreicht, wie
sie seine früheren Erzählungen nicht boten, und eine Kon-
kretheit, die sie auch von ‚Deutschstunde‘ und ‚Das Vorbild‘
abhebt.

Von der Aussage her am interessantesten ist zweifellos das
letzte Stück des Bandes, die Rahmenerzählung ‚Die Phantasie‘
(1974), in der „nicht Realität prüfend abgeklopft [wird], es geht
vielmehr um die erstaunliche Vielfalt der Möglichkeiten, eine
Geschichte zu erzählen" (Klappentext): Drei Schriftsteller diskutieren das Verhältnis von Realität und Literatur, indem sie je
eine (Vor-)Geschichte einem ‚lebenden Bild‘ – ungleiches Paar
in einer Kneipe – anpassen. Alle drei werden nur scheinbar von
der Realität widerlegt, denn, kommentiert der Vertreter der
romantischen Phantasie, „In der Möglichkeit haben wir recht
behalten, und darauf kommt es ja wohl an – für uns." (Ausgabe
Hamburg 1975, 310) So plädiert Lenz hier mit einem konkreten
Beispiel für die weiten Möglichkeiten der Phantasie des Erzählers, gegen platten Verismus, gegen die notwendige Indentifi-
zierbarkeit von Literatur mit Realität und damit, ohne es auszu-
sprechen, auch gegen dokumentarische Literatur.

Eine ganze Reihe anderer Erzählungen des Bandes zeigt Lenz’
Verfeinerung und erweiterte, souveräne Handhabung erzählerischer Stilmittel: In ‚Die Mannschaft‘ (1969) schildert er ein
Handballspiel in Rollenaussagen der einzelnen Spieler, indem er
so die auch in der Wirklichkeit unterschiedlichen Perspektiven
der einzelnen Spieler erzählerisch umsetzt. Ähnlich beschreibt er
in ‚Fallgesetze‘ (1973) ein Dreiecksverhältnis in drei Stimmen
(„Der Mann", „Der Junge", „Die Frau") und vergegenwärtigt
so wieder am besten die individuelle perspektivische Begrenzt-
heit der Gestalten. Am deutlichsten zugespitzt aber erscheint das
in den meisten Erzählungen zutage tretende Thema des Perspek-
tivismus, der Realitivität individuellen Erfahrungsvermögens in
der Titelerzählung, die stilistisch an Kafkas ‚Auf der Galerie‘
erinnernd, in drei gewaltigen Sätzen Einstein bei der Elbüber-
querung auf einer Fähre zeigt, wobei der Eindruck örtlicher und

zeitlicher Relativität in der Anwesenheit des Gelehrten konkretisiert wird. Als er die Fähre verläßt, mündet auch die Erzählung wieder in die Realität ein, denn: „geht so nicht einer ab, der selbst bestimmt, was eine Tatsache ist?" (139) Es ist kein Zufall, daß Lenz den Titel dieser Erzählung für den Gesamtband übernommen hat, denn noch wichtiger als aktuelle Zeitkritik ist ihm in dieser Sammlung das Thema der Relativität, der Subjektivität der Realitätserfassung. Mit der Sammlung ‚Einstein überquert die Elbe bei Hamburg' hat Lenz also auch den Themen seiner Kurzgeschichten eine neue Variante hinzugefügt.

Bei der Betrachtung der Lenzschen Kurzgeschichten wurde aber nicht nur die große thematische Spannweite des Autors deutlich, sondern auch seine Virtuosität in der Handhabung vielfältiger erzählerischer Stilmittel, worauf besonders der englische Germanist Colin Russ mehrfach hingewiesen hat.[46]

Viele Lenzsche Kurzgeschichten enthalten eine (Schluß-) Pointe, mit der der Schriftsteller einen Überraschungseffekt erzielt. Der Titel ist oft ironisch (z. B. ‚Lukas, *sanftmütiger* Knecht', ‚Der *große* Wildenberg' oder ‚Ein *Freund* der Regierung' [Hervorhebung H. W.]), und diese Ironie enthüllt sich als solche im Laufe der jeweils folgenden Erzählung. Mehrere Erzählungen sind dialogische Monologe, in denen ein Sprecher zu einer nicht antwortenden oder als Person anwesenden Person spricht, z. B. in ‚Ball der Wohltäter', in ‚Achtzehn Diapositive' oder in ‚Vorgeschichte', wo eine Frau einer Freundin die „Vorgeschichte" ihrer Ehe erzählt; ja, daß hier ein Mann eine Frau als Erzählerin einführt, ist außergewöhnlich in der deutschen Literatur, ein Verfahren, mit dem Lenz auch in ‚Der sechste Geburtstag' Erfolg hat, wo eine Frau zum Alkohol greift, als der Geburtstag ihres Kindes wegen dessen Leukämie-Erkrankung vorgefeiert werden muß.

Lenz' Kurzgeschichten leben im Raum von Humor, Satire, Groteske und Tragödie. Sie handeln in der bundesdeutschen Gegenwart, im Milieu des Reichtums oder der Armut, unter den Eskimos, auf den Steppen Kenias, in den Dörfern Sardiniens und Masurens. Lokalitäten, die in jedem Fall durch völlige

Selbstversetzung des Autors lebendig werden und durch lokaltypische Züge der Menschen und Konflikte zur Spannung beitragen.

Lange ließe sich darüber streiten, ob Lenz ‚eigentlich‘ als Kurzgeschichtenautor begabt ist oder ob er ‚auch‘ auf dem Gebiete des Romans voll und ganz zu Hause ist. Die Rückkehr zur Rahmenstruktur in ‚Das Vorbild‘ und zur Kurzgeschichte in ‚Der Geist der Mirabelle‘ und ‚Einstein überquert die Elbe bei Hamburg‘ scheint den Verfechtern der ‚Sprinter-These‘ im Gegensatz zu denen der ‚Langstreckenläufer-Theorie‘ recht zu geben. Aber warum diese Frage überhaupt zum Problem erheben? Mit Romanen wie ‚Der Mann im Strom‘, ‚Brot und Spiele‘, ‚Stadtgespräch‘ und vor allem ‚Deutschstunde‘ hat Lenz offensichtlich ‚hinreichend‘ bewiesen, daß er sich ‚auch‘ die größere epische Form zu eigen gemacht hat. Allerdings verdient darauf hingewiesen zu werden, daß sich die thematische Doppelbehandlung ein und desselben Sujets in beiden Formen findet; so ist die Erzählung ‚Der Läufer‘ in ‚Jäger des Spotts‘ eine Vorstudie zu ‚Brot und Spiele‘; die frühe Geschichte ‚Das Wrack‘ präfiguriert ein Hauptmotiv von ‚Der Mann im Strom‘; ‚Der Amüsierdoktor‘ nimmt eine Gestalt aus ‚Brot und Spiele‘ auf; ‚Die Augenbinde‘ erscheint als parabelhafte Erzählung und, mit Handlung angereichert, als Drama. Ein Vergleich von gattungsspezifischen Einflüssen auf die Verschiedenheit der Inhaltsgestaltung wäre einer näheren Untersuchung wert.

Humoristische Zyklen: ‚So zärtlich war Suleyken‘, ‚Lehmanns Erzählungen oder So schön war mein Markt‘, ‚Der Geist der Mirabelle. Geschichten aus Bollerup‘

Angeblich um seiner Frau einen Eindruck von seiner masurischen Heimat zu geben, schrieb Lenz seine „masurischen Geschichten“ unter dem Titel ‚So zärtlich war Suleyken‘ (1955), wobei ‚Suleyken‘ nicht der Name einer orientalischen Prinzessin ist, sondern der eines Dörfchens in Masuren, das ein ganzes Sammelsurium von Käuzen, sympathischen „Herrchen“ und

„Madamchen" mit gravitätischem Gebaren und „unterschwelliger" oder besser: konsequent unlogischer Intelligenz beherbergt. Suleyken ist auf keiner Landkarte zu finden, sondern ein Produkt der fabulierenden Einbildungskraft seines Autors, der hier in 20 Geschichten einen Kranz von unbefangen-humoristischen Erzählungen vorgelegt hat, wie sie in der deutschen Nachkriegsliteratur einzig dastehen.

Da wird erzählt von dem Großvater Hamilkar Schaß, der im hohen Alter von 80 oder gar 85 Jahren so sehr in die Klauen des Leseteufels gerät, daß sogar den wilden General Wawrila darob das Entsetzen packt und er in die Rokitno-Sümpfe zurückflieht; da exerzieren die „berühmten" Kulaker Füsiliere, elf an der Zahl, unter der Führung des kleinen jähzornigen Kommandanten Theodor Trunz, eines Menschen mit einem Holzbein, dessen Spießmentalität an der naiven Vernunft des Großvaters scheitert; da begegnen wir Herrn Plew und Herrn Jegelka, zwei barfüßigen Herren auf dem Weg zum Markttag im benachbarten Schissomir, jener eine Ziege, dieser ein Kalb führend und auf dem Heimweg ohne Not gemeinsam einen lebendigen Frosch verspeisend; da ist der Briefträger Hugo Zapka zu Hause und das Onkelchen Stanislaw Griegull, das zu seinem Unglück eine große Summe Geldes erwettet hat; da wird eine Kleinbahn namens Popp eingeweiht (und vergessen), da wird ein toter Ehemann zu einem Apfelbaum, da wird der Tod des Tantchens Arafa Anlaß zu einem „angenehmen Begräbnis".

„Zwinkernde Liebeserklärungen an mein Land, eine aufgeräumte Huldigung an die Leute von Masuren" (Ausgabe Fischer-Bücherei, 149) nennt Lenz die Geschichten in seinem „Diskrete Auskunft über Masuren" betitelten Nachwort. „Unterschwellige Intelligenz" sagt er seinen masurischen Landsleuten nach, „Das heißt: eine Intelligenz, die Außenstehenden rätselhaft erscheint, die auf erhabene Weise unbegreiflich ist und sich jeder Beurteilung nach landläufigen Maßstäben versagt. Und sie besaßen eine Seele, zu deren Eigenarten blitzhafte Schläue gehörte und schwerfällige Tücke, tapsige Zärtlichkeit und eine rührende Geduld." (148)

Humor und Ironie sind die beiden Mittel, mit denen Lenz Schmunzeln und sympathisierendes Gelächter beim Leser hervorruft. Dieser Effekt wird nicht nur dadurch bedingt, daß hier ,,methodisch übertrieben [wird]. Und zwar in einer Weise, daß das besonders Eigenartige hervorgehoben wird und das besonders Charakteristische zum Vorschein kommt" (149): Es beginnt schon mit der Sprache. Lenz erzählt hier in einer breiten Sprechsprache, die die persönliche Anwesenheit eines Publikums voraussetzt, mit dem er sich bisweilen direkt unterhält (,,Kennt vielleicht schon jemand die Geschichte? Gut, dann will ich sie erzählen." [74]) Mündliche Redewendungen sind eingestreut, der Satzbau folgt der so anheimelnden, ,,zärtlichen" Sprache Ostpreußens: syntaktische Inversionen, bei denen das Prädikat in das Satzinnere vorgezogen wird (,, ,Das wird', sagte mein Großvater, ,alles geregelt werden zur Zeit'." [12]), wobei auch oft die ,inquit'-Formeln an falscher Stelle eingeschoben werden, so daß sich eine Stauung der Aussage ergibt (,, ,Ich fühle mich', sagte mein Großvater, ,unpäßlich heute'." [18]. Dialektwörter werden gebraucht, wie ,,zerspliesert", ,,jächrig", ,,Lachudder", ,,beschabbern", ,,verdruseln", ,,gnaddrig" usw., aber nicht konsequent, sondern so, daß der Dialekt mit der Hochsprache des Erzählers in Konkurrenz tritt und eben dadurch komisch wirkt. Typisch sind auch die zahlreichen Diminutive; so werden die Leute als ,,Herrchen" und ,,Madamchen" apostrophiert, oder es ist die Rede von einem ,,Kilochen Nägel", von ,,Ritterchen", ,,Kälbchen", ,,mein Gottchen" usw. Charakteristisch ist auch der die Aussage verzögernde Gebrauch des Doppelpunkts: ,,[...] worauf dieser dem Großsprecher das demolierte, wodurch dieser aufgefallen war: die Fresse." (138)

Dieser Eindruck von Gemütlichkeit, Selbstverständlichkeit oder, Lenzisch anthropomorphisierend ausgedrückt, ,,Zärtlichkeit" entspricht auch dem Inhalt der Geschichten: Konflikte sind hier nicht ernsthafter Natur, sondern entspringen einer hartnäckig verfolgten pervertierten Logik:[47] Der Gastwirt Ludwig Kuckuck läßt sich die Zukunft voraussagen, tut dann aber sein

Möglichstes, um die Voraussagen auch tatsächlich eintreffen zu lassen. Oder: Valentin Zoppek behauptet dem Schuster Karl Kuckuck gegenüber: „[...] daß die Ritterchen, wenn sie gehabt hätten Fahrräder, noch weiter nach Rußland gefahren wären." (74) Kuckuck entgegnet in konsequenter Übernahme der historisch falschen Voraussetzung: „Und woher, möcht ich fragen, willst du wissen, ob die Ritter sich verstanden hätten auf das Flicken eines Reifens?" (75)

Charakteristischerweise kommt es zum Wettkampf (Wettschwimmen) als einer Art Gottesurteil über die Streitfrage. Er endet unentschieden. Man verträgt sich („Mir scheint es, wir haben beide recht." [81] Was sich in der Behäbigkeit der Sprache zeigt, erweist sich auch als die Essenz des Gehalts: Konzilianz, Verträglichkeit, Versöhnlichkeit sind charakteristisch für die Geschichten.

Lenz selbst hat sich in seinem Essay ‚Lächeln und Geographie. Über den masurischen Humor' (Beziehungen, 103–119) folgendermaßen dazu geäußert: „Der masurische Humor erscheint mir wie eine Aufforderung zur Nachsicht mit der Welt, mit den Leuten. Wer aber Nachsicht mit der Welt methodisch übt, gelangt unwillkürlich zu beständiger Versöhnungsbereitschaft. Und das, scheint mir, ist neben allem anderen auch ein besonders wichtiges Kennzeichen unseres Humors: Versöhnlichkeit." (ebd., 115f.)

Man kann die Geschichten über die Bewohner Suleykens als Schwänke, Märchen, Anekdoten oder Lügengeschichten klassifizieren; man kann auch auf ihre Nähe zum Schelmenroman hinweisen. Wichtiger scheint mir die Einsicht, daß hier ein Schriftsteller im Jahre 1955 Geschichten schreibt, die völlig jeden Zeitbezug negieren, die gesellschaftlichen Mängeln der eigenen Zeit und Umgebung eine intakte kleinbürgerlich-agrarische Gesellschaft bewußt entgegensetzen. Suleyken ist damit eine Fluchtutopie vor der eigenen Zeit, „in ihrer literarischen Position abseits ernsthafter Gesellschaftskritik"[48] am ehesten an Heinrich Bölls ‚Irisches Tagebuch' erinnernd. Die gesellschaftliche Relevanz der Suleykengeschichten liegt aber gerade darin, daß hier eine heile Welt als Gegenbild zur eigenen in einem vergangenen, heiteren Masuren angesiedelt wird.

Etwas komplizierter sieht die Beziehung von Realität und Literatur im Falle von ,Lehmanns Erzählungen oder So schön war mein Markt' (1964) aus, deren Untertitel, ,Aus den Bekenntnissen eines Schwarzhändlers', die Anlehnung an Thomas Manns ,Felix Krull' nicht leugnen kann. Hier schwärmt ein autobiographisch erzählender ehemaliger Schwarzhändler von den schönen Zeiten des schwarzen Marktes der ersten Nachkriegsjahre..Er erzählt, wie er sich, aus dem Krieg heimkehrend, mit einem ,Kapital' von 240 Sahnelöffeln eine Existenz als respektierter Schwarzhändler aufgebaut hat. Er berichtet in kurzgeschichtenartigen Episoden davon, wie er den Alliierten für eine Siegesfeier 500 Flaschen Präparieralkohol verschafft hat (nach Aussieben des Gewürms), berichtet von Schwarzschlachtungen und Transport des Fleisches im Sarg, vom interzonalen Transport einer Badewanne voller Silber mit einem Baby darauf zur Tarnung, von der Verwandlung ,seines' Untersuchungsgefängnisses in eine Musteranstalt, aus dem er seine Geschäfte leitet, bis die Währungsreform seiner Tätigkeit ein Ende setzt.

Lehmann erzählt mit einer gehörigen Portion Melancholie, denn in der Gegenwart liegen seine Talente brach: ,,In Zeiten des Überflusses stirbt die Phantasie, nichts wird abverlangt an Überlegung, an Abenteuer, an Ungewißheit: [...]. Wie einfallslos, wie degeneriert und unkünstlerisch erscheint unser Markt: überschwemmt von Angeboten, überwacht von Preisbehörden, besucht von Leuten, die jederzeit wissen, was sie brauchen und wieviel sie für die Mark bekommen." (Ausgabe Hamburg [7]1970, 8f.) Der schwarze Markt hingegen brachte verschüttete Talente zum Vorschein: ,,Der Mangel weckte unsere Phantasie, ließ uns überraschende Fähigkeiten entdecken; die zu besitzen wir nie geglaubt hatten. [...] Die schöpferische Initiative im kleinen war nie größer als damals, und wie oft wurde aus einem gemeinhin lethargischen Menschen ein regelrechter Beschaffungskünstler – [...]." (59f.)

Es ist die Umkehrung der Werte und Vorstellungen die hier

den komischen Effekt hervorruft. Natürlich weiß Lenz, daß auch der Leser die Zeit von 1945–48 als notvoll in Erinnerung hat. Insofern wird hier nicht wie in den Suleyken-Geschichten ernsthaft eine heile Welt als Gegenwelt konstruiert, vielmehr erscheint eine aus den Fugen geratene Welt nur im nostalgischen Blick eines Außenseiters als große Zeit. Wenn Lehmann sich dabei als Literaturkenner gebärdet und mit – meist unpassenden – Zitaten und Anspielungen auf Literatur das Niveau seiner Erzählung zu heben versucht, folgt Lenz darin ebenfalls dem Prinzip des Kontrasts, diesmal zwischen dem Beruf des Schwarzhändlers und seinem angemaßten geistig-künstlerischen Anspruch. Humor ist die Absicht des Autors, der sich mit dem Leser einig weiß in der wissenden Einschätzung von Erzähler und Erzähltem.

Im Februar 1975 erschien in Buchform der Erzählband: ,Der Geist der Mirabelle. Geschichten aus Bollerup'. In seinem Vorwort stellt Lenz sein neues imaginäres Dorf ausdrücklich als Gegenentwurf zu Suleyken vor: ,,Bollerup ist kein vergessenes Dorf. Es liegt weder im Rücken der Geschichte noch in der geographischen Abgeschiedenheit, die der Idylle bekömmlich ist. Es ist ein Dorf von heute: offen, erreichbar, von reisenden Vertretern erobert, von Versandhäusern generalstabsmäßig mit dem letzten Wunschkatalog bedient. Die Filme, die hier gezeigt werden, laufen auch gerade in der Stadt." (Ausgabe Hamburg 1975, 9.) Äußerlich scheinen die Unterschiede von Stadt und Land in Bollerup aufgehoben zu sein: ,,Dennoch: von einer vollkommenen Angleichung kann man nicht sprechen. Es gibt etwas in Bollerup, das nur ihm und – in der Verlängerung – dem Land gehört: eine eigentümliche Erlebnisfähigkeit und eine spezifische Art, auf Erlebtes zu reagieren." (10)

Nach einer derartigen Einführung erwartet der Leser, tatsächlich eine Art Gegenstück zu Suleyken zu finden, vielleicht einen Zusammenstoß von dörflicher Verschmitztheit (dem ,,Geist der Mirabelle") und dem nüchternen Geist der modernen Konsumgesellschaft. Diese Erwartung wird aber nicht erfüllt: Die meisten Geschichten könnten sich ebenso vor 50 Jahren abgespielt haben. Es sind Anekdoten, Humoresken, schalkhafte Skizzen, wie man sie in älteren Bauernkalendern finden könnte. So z. B. die Geschichte von den skatspielenden Bollerupern, die die Karten so energisch auf den Tisch dreschen, daß ein Tischbein bricht; dann holen sie den Landarzt – Bein ist Bein –, der fachgemäß das Bein schient und für seine ärztliche Tätigkeit eine seinem Beruf angemessene Rechnung präsentiert. Es handelt sich eindeutig um einen Schwank, der nach dem Strukturprinzip ‚Wer andern eine Grube gräbt ...‘ gebaut ist. Auch die Geschichte ‚Der Denkzettel‘ gehört in diese Schwankkategorie: Ein Bolleruper rächt sich für die ständigen Diebstähle seines Brennholzes dadurch, daß er Schwarzpulver in einige Scheite füllt ... Unangemessenheit von Handlung und Grund gibt Anlaß zum Lachen in ‚Hintergründe einer Hochzeit‘, wo ein Hagestolz seine Hochzeit so lange hinausschiebt, bis er seinen ererbten Johannisbeerwein hat alleine austrinken können.

Zwei Erzählungen ragen aus diesen ‚Dorfgeschichten‘ heraus: ‚Die Bauerndichterin‘ und ‚Der heimliche Wahlsieger‘. In ‚Die Bauerndichterin‘ findet in Bollerup eine Dichterlesung der Bauerndichterin Alma-Bruhn-Feddersen statt, die damit aus ihrer selbstgewählten Einsamkeit heraustritt und, u. a. mit Eichendorff- und Goethe-Plagiaten, das ländliche Leben und den Zyklus der Jahreszeiten besingt und statt ehrfürchtigen Applauses die Kritik der Bolleruper einstecken muß, die der Dichterin eine ganze Reihe von sachlichen Unrichtigkeiten nachweisen. Hier geißelt Lenz einen antiquierten Dichtungsbegriff und verlangt vom Dichter zunächst einmal Sachkenntnis; er gibt den Bollerupern recht, so naiv ihre Einwände auch sein mögen. Jedoch findet der Leser hier keine Spur von pervertierter Logik wie z. B. im Gegenstück zu dieser Geschichte in der Suleyken-Sammlung, ‚So war das mit dem Zirkus‘. Fast möchte man sagen: ‚leider‘, denn nicht nur der Suleyker Charm fehlt.

Die Bolleruper mögen naiv sein, aber in mancher Hinsicht sind sie zu vernünftig, und es ist, wie z. B. in ‚Die Bauerndichterin‘, der Kontrast zwischen diesem gesunden Menschenverstand und dem modernen Leben, aus dem der Humor entspringt. Dies ist auch in der letzten Erzählung der Sammlung der Fall: In ‚Der heimliche Wahlsieger‘ wird der allseits beliebte Waldarbeiter Fiete Feddersen zum Kandidaten der „Grünen Union“ gemacht, mit der Vereinbarung, daß er in der öffentlichen Diskussion mit seinem eloquenteren Gegner von der „Schwarzen Union“ nur zu nicken braucht und das Wort seinen Parteifreunden überläßt. Entgegen dieser Abmachung ergreift er doch das Wort, erntet mit seinen naiv-vernünftigen Parallelen zum Waldleben viel Beifall, verzichtet aber auf die Kandidatur. Ist die Lehre hier: ein vernünftiger Mensch läßt sich nicht auf Parteiideologien und -programme festlegen? Spricht hier Lenz für sich selbst und seine Affinität zu der SPD ohne Parteizugehörigkeit? – Immerhin hat er sich mindestens in *einigen* Geschichten mit Ereignissen in einem *modernen* imaginären Dorf auseinandergesetzt. Die Mehrzahl der Geschichten jedoch ist ‚zeitlos‘ im negativen Sinn, und man fragt sich, ob der Schriftsteller hier nicht eine Chance vertan hat. Anders ausgedrückt: lassen sich 1975 noch Dorfschwänke publizieren, auch wenn sie noch so gekonnt erzählt sind? Oder: gibt es einen Grund dafür, 1975 noch dörfliche Humoresken zu schreiben? Mir scheint, was 1955, im Erscheinungsjahr der Suleyken-Geschichten, als gelungene Fluchtidylle erklärbar ist, hätte heute durchgehender zeitbezogen und realitätsnäher geschrieben werden müssen.

3. Theaterstücke und Hörspiele

‚Zeit der Schuldlosen‘

Drei Dramen hat Lenz bisher veröffentlicht und dazu eine ganze Reihe von Hörspielen, die ihn zu einem der meistgesendeten deutschen Hörspielautoren der Gegenwart machen. Doppelbegabungen sind in der Literatur nicht sehr häufig, doch ist es Lenz zumindest mit seinem ersten Stück, ‚Zeit der Schuldlosen‘ (1961), gelungen, sich einen festen Platz auf den Bühnen der sechziger Jahre zu sichern.

Die drei Dramen Lenz', ‚Zeit der Schuldlosen', ‚Das Gesicht'
(1964) und ‚Die Augenbinde' (1970), haben eins gemeinsam: sie
spielen alle unter der Zwangsherrschaft einer Diktatur, deren
Mechanismen sie enthüllen. Ihre Menschen lehnen sich gegen
diese Diktatur auf, oder sie passen sich an und werden dadurch
schuldig. Die Konfrontation ist unerbittlich; sie verlangt jeweils
eine Entscheidung, ein Urteil bzw. die Selbstverurteilung. Einen Kompromiß gibt es hier nicht. Die Menschen werden in
eine extreme Lage gebracht, in der sie ihr wahres Wesen enthüllen, in eine Grenzsituation.

Lenz benutzt die Grenzsituation, die sich wesensmäßig besonders gut für das Drama eignet, auch in seinem erzählerischen
Werk, wir haben sie sowohl in seinen Romanen als auch in
seinen Kurzgeschichten kennengelernt, wenn auch nicht in derselben Schärfe und Unerbittlichkeit wie z. B. in ‚Zeit der
Schuldlosen'. Er selbst hat sich einmal folgendermaßen zu diesem Kunstgriff der äußersten Zuspitzung geäußert: ‚‚Von der
Dramaturgie des Erzählprozesses als auch von der Psychologie
der Erkenntnis her gesehen, ist die extreme Situation ein Kunstgriff, der sich allemal rechtfertigen läßt. Denn die extreme Situation zwingt zur Anwendung äußerster Mittel. Sie erlaubt eine
unerbittliche Überprüfung der Charaktere. Sie fordert unter
abnormem Druck und Gegendruck zu Tage, was sich gewöhn-
lich nicht zu erkennen gibt. (Breton meinte: den Nachtkern des
Menschen.) [...] Als Schriftsteller habe ich mitunter selbst die
extreme Situation benutzt; im Roman, im Theaterstück, auch in
der Erzählung. Warum: Ich ging von der Erwägung aus, daß
niemand seiner selbst vollkommen sicher sein kann oder gar
Garantien abgeben dürfte für alle denkbaren Lagen. Von der
Erfahrung einer extremen Situation können wir vielleicht sagen,
was wir sind; doch wenn wir sie überstanden haben, wissen wir,
was wir noch außerdem sein können.''[49]

Einer derartigen psychischen Belastungsprobe werden in
‚Zeit der Schuldlosen' neun Männer ausgesetzt, die als ‚‚neun
ausgesuchte, ehrenwerte Bürger dieser Stadt'' bezeichnet werden, ‚‚deren Schuldlosigkeit außer Zweifel steht''. (Ausgabe

Collection-Theater, Texte 2. Köln [5]1970, 9) Die Bühnenanweisung bezeichnet sie als „gewissermaßen ein[en] repräsentativen Querschnitt der Bevölkerung – was sich u. a. auch an der Kleidung erkennen läßt". (5) Sie sind überraschend auf Befehl des Gouverneurs, eines Diktators in einem nicht näher bezeichneten Land, verhaftet worden und befinden sich gemeinsam in einer Gefängniszelle: Hotelier, Drucker, Bankmann, Bauer, Ingenieur, Lastwagenfahrer, Student, Konsul und Arzt. Da wird von dem Major, einem „Offizier von eleganter Brutalität" (6) der junge Sason in die Zelle gebracht, der ein mißglücktes Attentat auf den Diktator verübt hat und dem man selbst durch die Folter die Namen seiner Helfer nicht hat entreißen können. Der Auftrag an die ‚schuldlosen' Bürger: Sason, ganz gleich wie, zur Nennung der Hintermänner des Attentats zu bringen oder dazu, von nun an für die Regierung zu arbeiten. In der folgenden ersten Hälfte des Dramas versuchen die einzelnen Männer vergeblich, Sason zum Nachgeben zu bewegen, ihn, jeder mit eigenen privaten, philosophischen oder praktischen Begründungen, zur Preisgabe der Namen zu bestimmen. Ohne Erfolg: Sason will zum Märtyrer werden; die Namen sind sein einziger Besitz, sein Leiden das einzige, womit er die Opfer der Revolutionäre noch bestätigen kann. So geht das Verhalten der Männer von höflicher Bitte und bemühter Hilfeleistung zu Drohung und Handgreiflichkeiten über, und schließlich erwürgt einer von ihnen, wer, bleibt offen, Sason im Schlafe. – Die Männer dürfen gehen.

Die Frage, wer Sason getötet hat, ist der Vorwurf des zweiten Teils, der vier Jahre später handelt. Wieder sind dieselben Männer bis auf einen, der inzwischen Selbstmord begangen hat, verhaftet worden, diesmal von der in einer Revolte erfolgreichen Gegenpartei, diesmal statt im Gefängnis im bequemen Raum einer requirierten Villa. Die Revolutionäre verlangen Sühne für den Mord an einem der ihren, für Sason. Wie sich herausstellt, wartet man vergeblich auf die Ankunft des Richters: Der Student ist Untersuchungsrichter; nach seiner Entlassung hatte er sich dem Widerstand angeschlossen. Nun beginnt ein

Prozeß, bei dem jeder der Anwesenden zum Verdächtigen wird und sich rechtfertigen muß; auch der Student unterwirft sich der Anklage, und es stellt sich heraus, daß jeder als Mörder in Frage kommt, sei es durch seine Position im Raum zum Zeitpunkt des Mords, sei es, daß er ein besonderes Interesse am Tod Sasons hatte bzw. daran, möglichst schnell seine Freiheit wiederzuerlangen. Der Schuldige läßt sich nicht ermitteln, doch der Bauer bietet sich als Opfer an, will beweisen, daß er der Mörder ist. „Aber es ist etwas anderes", sagt der Student, „die Schuld auf sich nehmen – oder schuldig sein. (88) Unbemerkt hat indessen der Konsul den Revolver, den der Student auf den Tisch gelegt hatte, an sich genommen. Ein Schuß fällt; der Konsul hat sich in den Mund geschossen. Bauer: „Wie konnte es nur geschehen, Herr? Er nahm den Revolver und schoß. Warum? warum?" Student: „Er starb für seinen Zweifel. Er war von deiner Schuld nicht überzeugt. Er wollte durch seinen Tod etwas verhindern, was er nicht ertragen hätte." (89) Die Angeklagten dürfen den Raum verlassen. Sie sind frei, aber nicht frei von Schuld.

Als Anregungen für ‚Zeit der Schuldlosen' kommen nicht nur ‚Tote ohne Begräbnis' (1947) von Jean-Paul Sartre und ‚Die Gerechten' (1950) von Albert Camus in Frage, sondern vor allem auch das durch Film und Bühnenaufführungen bekannte amerikanische Reißerstück ‚Die zwölf Geschworenen' (1954) von Reginald Rose und Horst Budjuhn, in dem bereits die bühnenwirksame Klausur vorweggenommen ist.

Lenz hat beschrieben, wie sein Drama ‚Zeit der Schuldlosen' entstand. Zuerst hatte er den Stoff als Novelle konzipiert, wobei es ihm ganz nach der klassischen Definition Goethes auf die „unerhörte Begebenheit" ankam, auf den „ausreichenden Anlaß, der aus Schuldlosen Schuldige macht".[50] Doch bei näherer Betrachtung verschob sich sein Interesse: immer mehr rückten die neun Männer selbst in den Vordergrund, „und zwar in dem Augenblick, in dem sie ins Spektrum der Schuld gerieten, in dem sich gewissermaßen ihr moralischer Farbenwechsel vollzog". Die Gleichartigkeit ihrer Reaktion unter Druck, der Nivellierungscharakter von Schuld und Angst wurde deutlich in dem so entstehenden Hörspiel. „Die novellistischen Möglichkeiten erschienen mir nicht ausreichend genug, um darzustellen, daß Menschen, die sich in vieler Hinsicht erheblich voneinander unterscheiden, unter dem Terror einer Lage sich kollektiv verhalten; [...]. Ich versuchte es zunächst mit einem *Hörspiel,* das die Begebenheit akustisch sichtbar machte." Das erste Hörspiel, ‚Zeit der Schuldlosen‘, das dem ersten Teil des Dramas entspricht, verlangte eine Antwort, einen zweiten Teil, in dem die nun Schuldigen gezwungen werden, sich zu rechtfertigen. So entstand ein zweites Hörspiel, ‚Zeit der Schuldigen‘, das später zum zweiten Teil des Dramas wurde. Warum? „[...] da es mich persönlich merkwürdigerweise nach einem Augenschein beim Richten verlangt, schrieb ich den zweiten Teil [des Hörspiels] gleichsam ‚optisch‘. Ich dachte an einen bestimmten Raum, an bestimmte Requisiten; ich empfand selbst den Wunsch, die Veränderungen zu ‚sehen‘ – und aus dieser Neugierde versuchte ich die Begebenheit in einem *Stück* zu erzählen."[51] Die Metamorphose eines Stoffes also, der im Drama seine adäquate Form gefunden hat.

Wie in dem im folgenden Jahr, 1963, erschienenen Roman ‚Stadtgespräch‘ geht es auch hier um die Alternative: Freiheit mehrerer – Opfer des Einen (Sason), also um die sehr allgemeine Frage: Kann man unter einer Diktatur einfach seinen privaten Geschäften nachgehen und dadurch unschuldig bleiben? Genau wie die 44 Geiseln in ‚Stadtgespräch‘ werden hier die neun Bürger zur Teilnahme am politischen Geschehen gezwungen, aber im Gegensatz zum Roman warten sie nicht einfach und leiden dann aufgrund der Entscheidung eines anderen, sondern sie selbst haben die Entscheidung in der Hand, die sie egoistisch im Sinne des Diktators erfüllen: durch Ermordung Sasons. Die Geiseln haben hier ihre Handlungsfreiheit bekommen, die sie menschlich mißbrauchen.

Das Argument, das sich durch die Situation von selbst stellt, ist: Aber nur einer hat den Mord tatsächlich begangen, also ist nur einer wirklich schuldig, und dieses Argument widerlegt

Lenz im zweiten Teil des Dramas nicht allein dadurch, daß sich der Mörder nicht ermitteln läßt, sondern indem er zeigt, daß zwar einer der neun Sason erwürgt hat, daß aber alle geistig daran beteiligt waren, ja daß der gemeinsame Wunsch aller eine Stimmung hervorgerufen hatte, durch die das Verbrechen erst möglich wurde. So läßt Lenz den Studenten gestehen: ,,Wir alle wurden zu Mördern in der Einbildung... als wir erkannten, daß Sason nichts preisgeben würde: weder die Namen seiner Freunde noch seine Überzeugung. Wir begingen ein geistiges Verbrechen, aber nur einer von uns vollzog es. So seltsam es klingt: gewisse Verbrechen müssen durch eine Stimmung begünstigt werden. Wir sorgten für diese Stimmung. Darum sind wir schuldig." (69) Schuldlosigkeit, so stellt sich heraus, ist nur ein Glücksfall. Die neun Männer zeigen, was von der Schuldlosigkeit zu halten ist, wenn sie auf die äußerste Probe gestellt wird. Sie tragen also *alle* durch die Schaffung einer Stimmung, einer Atmosphäre eine Mitschuld am Mord Sasons, ganz gleich, wer ihn schließlich *de facto* erwürgte. Kollektivschuld wäre der hier angemessene Begriff.

Kollektivschuld ergibt sich hier auch durch die Gleichgültigkeit, die Teilnahmslosigkeit dem Verbrechen gegenüber, durch den Mangel an Aktion, es zu verhindern. Doch reicht es nicht aus, das eigene Versagen als Kollektivschuld zu etikettieren, um sich der individuellen Verantwortung zu entziehen: Im zweiten Teil des Dramas muß sich jeder einzelne rechtfertigen. Kollektive Schuld bedingt individuelle Rechtfertigung, und dabei werden im Drama alle die Spielarten vorgeführt, die der Leser bzw. Zuschauer von den Entnazifizierungsprozessen nach dem Zweiten Weltkrieg kennt, ja schließlich behauptet man, daß ja eigentlich der gestürzte Diktator an allem schuld habe, da er sie, die unschuldigen Bürger, in diese Lage gebracht, da er den Befehl gegeben habe. Ein Kritiker zitiert in diesem Zusammenhang mit Recht Karl Jaspers' Definition der moralischen Schuld, wodurch dieser populäre Einwand widerlegt wird: ,,Für Handlungen, die ich doch immer als dieser einzelne begehe, habe ich die moralische Verantwortung ... Niemals gilt ... ,Befehl ist Befehl'. ...

Jede Handlung [bleibt] auch der moralischen Beurteilung unterstellt. Die Instanz ist das eigene Gewissen."[51]

Es sind drei Gestalten, die sich vor ihrem eigenen Gewissen verantworten und die sich infolgedessen nicht freisprechen: der Bauer, der Konsul (in der Hörspielfassung heißt er noch Baron) und der Student. Es ist interessant, daß alle drei nicht zur bürgerlichen Gesellschaft gehören wie die anderen Männer. Der Bauer, auf den die Bürger verächtlich herabblicken, weil er einfacher, in ihren Augen primitiver denkt als sie, ist dabei aber gleichzeitig so unverdorben, daß er zum Mitleid fähig ist und zum selbstlosen Opfer. Wenn auch die anderen dieses Opfer durchschauen, so gelingt es ihm doch, sie zum Zweifeln zu bringen. Er besitzt eine natürliche innere Freiheit, die ihnen abgeht.

Der Konsul ist ein eleganter Zweifler, ein leicht dekadenter Zyniker, der zu viel Lebenserfahrung hat, um sich noch über das Wesen des Menschen zu täuschen und das Ende (des ersten Teils) nicht voraussehen zu können. Fast gehört er in die Welt Hofmannsthals oder Musils,[52] eine reiche, schillernde Welt, in der eleganter Lebensüberdruß und einsichtiger Zweifel einen Platz haben. Der Konsul ist der zynische *advocatus diaboli,* der in beiden Teilen die Handlung vorantreibt, der mit seinen sarkastischen Zwischenbemerkungen die anderen dazu zwingt, Farbe zu bekennen. Er ist der wissende Narr – und wird bewußt als solcher apostrophiert (24) –, der sowohl für die Bürger als auch für den enthusiastischen Märtyrer Sason nur distanzierten Spott übrig hat. In seiner Jugend hat er ähnliche Gefühle gehabt wie Sason, dieselbe Begeisterung für den Umsturz eines schlechten Regimes, und er denkt deshalb, daß Sason nur ein fehlgeleiteter junger Mann ist, dem es nur nie vergönnt sein wird, das Vergebliche seiner Begeisterung für eine kommende Revolution zu erkennen. ,,Überzeugungen sind mir immer wie Krankheiten vorgekommen", meint er, ,,die durch Begeisterung übertragen werden. Ich sehe mich außerstande, mich für irgend etwas in der Welt zu begeistern – außer für Zierfische und Spieluhren." (28) Eine gewisse Arroganz in derartigen Bemerkungen ist unverkennbar, aber trotzdem ist der Konsul nicht nur der einsichtigste, weil lebenserfahrenste unter den Richtern, sondern gleichzeitig auch derjenige, durch dessen Tat sich der verhängnisvolle Knoten am Ende zu lösen scheint. Fast hätte man den Eindruck, daß es sich Lenz mit diesem Selbstmord als einer Art *deus ex machina,* einer zufälligen Überraschungslösung, etwas zu einfach gemacht hat, wenn der Freitod dieser Gestalt nicht schon von Anfang an durch seinen Charakter motiviert worden wäre. Er stirbt wegen und an seiner Grundhaltung des Zweifels dem Leben gegenüber; er stirbt, weil er alles durchlitten hat und den Tod eines Unschuldigen für sich – denn er sieht seine eigene Mitschuld ein – nicht ertragen könnte.

Die Männer verlassen ihr Gefängnis, unter ihnen ein Mörder; schuldig: alle:

,,Student: Die Tat ist gebüßt. *Leise, resigniert.* Sie können gehen. Sie sind frei. *Pause.*

Er, der dort liegt, hat Ihnen dazu verholfen, frei zu sein. Aber es gibt etwas, wozu er Ihnen nicht verhelfen kann: frei zu sein von Schuld.

Gehen Sie, nur zu, gehen Sie: die Tat ist gebüßt, aber die Schuld wird unter uns bleiben. Warum zögern Sie? Die Welt steht Ihnen offen". (89)

So wird der Leser/Zuschauer mit Ironie, und zugleich mit einem impliziten Aufruf zur Selbstkritik und Selbstbefragung entlassen. Der Student, so scheint es, ist Sprachrohr des Autors, ist die Stimme der Einsicht und Intelligenz. Richtig daran ist, daß neben dem Konsul der Student schon gleich zu Anfang Richtung und Ende des bösen Spiels kennt, daß er zweifellos den anderen Männern (mit Ausnahme des Konsuls) geistig weit überlegen ist; aber auch er täuscht sich, wenn er die Nachfolge Sasons im zweiten Teil antritt, auch er ist ein Weltverbesserer, der fanatisch, mit Gewalt, mit Mord und Standgerichten eine neue Ordnung erzwingen will.

Das Drama ,Zeit der Schuldlosen' kann seine Entstehung aus den beiden Hörspielen nicht leugnen. Nicht nur ist die Handlung auf ein Minimum beschränkt; auch Gestik und Mimik spielen kaum eine Rolle. Das Stück lebt ganz vom Dialog, von der gesprochenen Sprache, wobei die einzelnen Gestalten zu Ideenträgern mit wenig Individualität reduziert sind. Es ist symptomatisch, daß allein Sason einen Namen hat, während – wie im Drama des Expressionismus – alle anderen durch ihren sozialen Ort bezeichnet sind. Atmosphäre, Stimmung, Zwischentöne und Intuition, Qualitäten, die der Erzähler Lenz durchaus kennt, fehlen völlig. Lenz hat seine Geschichte wie eine Gleichung mit mehreren Unbekannten konstruiert, wie eine mathematische Rechenaufgabe, die gelöst werden will; sein Drama ist ein Denkspiel.[53] Oder, um mit einem anderen Bild zu sprechen: der Verhaltensforscher Lenz fängt die ‚Unschuldigen‘ wie Vögel ein, die beringt werden, um nach einer gewissen Zeit wieder eingefangen zu werden, damit sie aufs Neue studiert und getestet werden können.[54] Zuzugeben ist, daß die extreme Zuspitzung der Situation eine Reduzierung auf einfachste Mittel und Sprache verlangte. Ja, die Sprache ist denn auch meist schmucklos, einfach, auf unmittelbare Gedankenvermittlung bedacht. Lediglich Sason und der Student des zweiten Teils versteigen sich zu pathetischer Diktion, wodurch ihr Mangel an Realitätssinn unterstrichen wird. Durch die ironisch bis sarkastischen Zwischenbemerkungen des Konsuls gelingt es Lenz jedoch immer wieder, eine Balance herzustellen, die Pathetik rhetorisch in Zweifel zu ziehen.

Es ist zweifellos ein gedankenscharfes, gut konstruiertes Stück, das zu Beginn der sechziger Jahre zur richtigen Zeit auf den Bühnen erschien. Daß Gustav Gründgens es zur Uraufführung im Hamburger Schauspielhaus auswählte, spricht auch für Lenz. Zu recht brachte es ihm mehrere Literaturpreise ein. Aktuell war das Stück gerade damals, weil die Auseinandersetzung mit der Vergangenheit des Dritten Reiches, die Diskussion um die Prozesse der KZ-Schergen und die Untaten der SS einen Höhepunkt erreicht hatte und die Frage von individueller Verantwortung bzw. Kollektivschuld die Gemüter bewegte. Einer älteren Generation, die abstritt, genaues über die NS-Verbrechen gewußt zu haben, und damit auch die Verantwortung dafür ablehnte, stand eine jüngere Nachkriegsgeneration gegenüber, die die ältere anklagte.[55] Dramatischer Ausdruck dieser Diskussionen und Generationskonflikte waren Stücke wie Friedrich Dürrenmatts ‚Besuch der alten Dame‘ (1956), Max Frischs ‚Bidermann und die Brandstifter‘ (1958) und ‚Andorra‘ (1961). Auch Lenz’ ‚Zeit der Schuldlosen‘ gehört, jedenfalls thematisch, in diese Reihe.

Lenz’ Fehler war, die Zeitgebundenheit dieses Erfolgs zu verkennen und im Abstand von mehreren Jahren zwei weitere Stücke folgen zu lassen, die thematisch und dramentechnisch in dieselbe Richtung gehen, zu einem Zeitpunkt, als die Diskussion um Macht und Diktatur längst an Aktualität eingebüßt hatte; was natürlich kein Argument gegen ein Stück sein kann.

‚Das Gesicht‘

Hätte Lenz’ zweites Drama, ‚Das Gesicht‘, das am 18. September 1964 im Hamburger Deutschen Schauspielhaus uraufgeführt wurde, die Qualität von ‚Zeit der Schuldlosen‘ gehabt, wäre ihm vielleicht noch ein gewisser Erfolg beschieden gewesen; doch es ist dem Bühnenerstling des Autors in mancher Hinsicht nicht ebenbürtig.

Der Inhalt: Der Friseur Bruno Deutz gleicht dem Präsidenten, dem Diktator eines nicht näher bezeichneten Landes, wie ein Ei dem anderen. Der Präsident läßt sich von ihm sogar bei einer Parade vertreten, als die Gefahr eines Attentats besteht, und Bruno, der ursprünglich revolutionären Kreisen nahegestanden hatte, spielt seine Rolle so gut, daß der Präsident ein Attentat vortäuscht, bei dem er angeblich ums Leben kommt, so daß Bruno in die Rolle des Präsidenten schlüpfen kann. Bruno gelingt es, die schärfsten innenpolitischen Gegner des Präsidenten auszuschalten: Der von ihm begnadigte frühere Präsident Faber wird bei einem Fluchtversuch erschossen; Frederick, der Sohn des Präsidenten, wird vor den Augen der Welt als tot betrauert, in Wirklichkeit aber in einer komfortablen Zelle unschädlich aufbewahrt. Die Regierungsmaßnahmen des Friseurs übertreffen an Härte und Skrupellosigkeit bald bei weitem die des Präsidenten: Laienrichter und Laienpolizisten werden berufen; die Gefangenen bewachen ihre Wärter; jeder kann von jedem Rechenschaft über die Herkunft seines Vermögens verlangen usw. Da tritt der frühere Präsident wieder auf den Plan. Bruno gelingt es nicht, Wache und Sekretär davon zu überzeugen, daß er der eigentliche Präsident sei, und der Präsident engagiert ihn auf Lebenszeit, um ihn bei anderen gefährlichen Auftritten als Kugelfang zu benutzen.

Lenz will das Stück als Fortsetzung von ‚Zeit der Schuldlosen‘ verstanden wissen: „In beiden Fällen geraten Zeitgenossen in eine extreme Lage. Hier wie dort werden unter moralischem und biographischem Druck Proben für die Standfestigkeit gegeben. Allemal zeigt sich, daß man nicht vom Menschen sprechen kann, ohne seine möglichen Veränderungen zu berücksichtigen. Was alles kann man aus uns machen: das ist in beiden Stücken die Frage."[56] Während es in ‚Zeit der Schuldlosen‘ ein Kollektiv gewesen sei, das dem verändernden Druck einer extremen Lage unterworfen wurde, sei es im ‚Gesicht‘ ein einzelner. Den strikt reduzierten Möglichkeiten der Wahl und des Handelns stünden nun die äußerste Vervielfachung und Vergrößerung gegenüber. „Und dadurch bezeichnet sich ja eine extreme Lage: sie entsteht nicht allein durch die vollkommene Begrenzung aller Mittel, sondern ebenso durch die unbegrenzte Zuteilung von Mitteln."[57] Dieser Vergleich aber stimmt nur scheinbar: Während die ‚Schuldlosen‘ unter Druck gefangen sind, steht Bruno Deutz bei der Wahl seiner Lage keineswegs unter Zwang; er hätte durchaus die Chance gehabt, den Irrtum bei dem vorgetäuschten Attentat des Präsidenten richtigzustellen und sich als Friseur zu erkennen zu geben. Sicherlich, in beiden Fällen rechnet ein Diktator mit der Natur des Menschen und hat beschämend recht, aber die Ausgangssituationen sind für die Betroffenen völlig verschieden.

Lenz hat das Stück ‚Das Gesicht‘ genannt, weil seines Erachtens der Mensch alle möglichen Gesichter zeigt, bis er durch eine Ausnahmesituation dazu gezwungen wird, sein verborgenes Gesicht, sein wahres Wesen zu zeigen. „Nicht die vielen matten

Jahre sind es, die uns bestätigen oder widerlegen, sondern Augenblicke von einer ganz gewissen Schärfe, und so gesehen, ist die physiognomische Überprüfung von Bruno Deutz kein außerordentlicher Fall. Es ist eine moralpolitische Parabel, gedacht, das Nachtgesicht eines jeden einzelnen zum Vorschein zu bringen."[58]

Obwohl in dem Stück selbst sehr viel vom Gesicht die Rede ist, ja Bruno Deutz als Friseur sich von Berufs wegen sein Leben lang mit dem Gesicht beschäftigt hat, ist das Thema vom Gesicht nicht eindeutig ausgespielt. Wenn am Ende Wache und Sekretär sofort den wahren Präsidenten vom Friseur zu unterscheiden wissen, weil angeblich das innere Wesen im äußeren durchscheint, ist doch nicht ohne weiteres einzusehen, warum; denn kurz zuvor vermochten Brunos Freunde und seine Frau Hannah in Bruno nur den Präsidenten zu sehen, während Hannah dem Präsidenten als vermeintlichem Bruno ohne weiteres eine Liebesnacht anbietet.

Retten läßt sich das Stück daher allenfalls mit der Formel ,Gelegenheit macht Diebe': Wenn der kleine Mann die Chance hat, ein Großtier zu werden, ergreift er sie – und wird leicht grausamer als die anderen Großtiere. Damit stellt sich Lenz in die lange Tradition der Geschichten und Bühnenstücke vom träumenden Bauern, der für einen Tag regieren darf und dann wieder im Schweinekoben aufwacht, eine Gelegenheit für die Regierenden, zu zeigen, wie schwer ein gutes Regiment zu handhaben sei. Auch dieses Thema wird bei Lenz tatsächlich durchgespielt, denn der echte Präsident erweist sich im Gegensatz zum machtbesessenen Bruno Deutz als kultivierter und gewandter Lebemann, der sich eigentlich mehr für seine Edelsteinsammlung interessiert als für tyrannische Maßnahmen. Seine Einstellung zu den Edelsteinen wird fast aufdringlich symbolisch für den Unterschied zwischen beiden Männern: Während der Präsident sich für Schönheit und traditionell-symbolische Eigenschaften der Steine begeistert, fegt Bruno die Steine achtlos in den Papierkorb: Steine sind für ihn nur hinsichtlich ihrer Härte von Bedeutung (vgl. Ausgabe Hamburg 1964, 60).

Der echte Präsident wird so positiv gezeichnet, daß der Zuschauer/Leser beinahe froh ist, wenn er seine humane Diktatur fortsetzen kann. Ein Drama gegen die Diktatur? Demnach wohl kaum. Ein Drama über das Wesen des Menschen? Vielleicht. Es wird bewußt deutlich gemacht, daß Bruno Deutz nicht der einzige ist, der seinen verborgenen tyrannischen Instinkten die Zügel schießen läßt: Der zum Polizisten gemachte Postbote erweist sich ebenfalls als Ungeheuer (72). Der Mensch träumt vom Herrschen, scheint uns Lenz sagen zu wollen, und wehe, wenn er eine Gelegenheit dazu bekommt. „Ich werde euch von meiner Macht abgeben", sagt Bruno zu seinen Freunden, „gerade soviel, wie ihr braucht, um eure Träume wahrzumachen. Ich werde eure geheimste Begabung fördern: die Tyrannenbegabung. Sagt nicht, daß das nicht stimmt. Mit den Berufen beginnt es: Väter, Lehrer, Facharbeiter: Tyrannenberufe." (64)

Aber die Aussage bleibt im theoretischen Anspruch stecken und überzeugt somit nicht. Dafür gibt es mehrere Gründe. Einmal läßt sich die gedankliche Brücke zum Dritten Reich nur bedingt schlagen: Der Präsident, ein ehemaliger Feldwebel, ist zu gutmütig; Bruno Deutz ist lediglich ein gut kontrolliertes Demonstrationsobjekt. Die Verbindung zur bekannten Welt der Zuschauer fehlt also, die Bühnenrealität läßt sich nicht in die Wirklichkeit übertragen. Zum andern ist die Aussage auch vom Dramentechnischen her nur mangelhaft vorgestellt. Hier geschieht zwar sehr viel mehr als in ‚Zeit der Schuldlosen', aber es gibt zu viele Gestalten ohne tragende Bedeutung: Die Präsidentenmutter beschränkt sich darauf, für ihren Sohn bzw. Bruno Krokantplätzchen zu backen; Brunos Freunde sind Dutzendware ohne Gesicht, seine träge Frau ein verkanntes Rasseweib, deren plötzliche Wandlung gegen Ende nur schwach motiviert ist. Das von ihr angeschlagene Thema der Errichtung eines Privatbereichs als Bollwerk gegen die Diktatur (75) bleibt ein blindes Motiv. Der aufsässige Sohn des Präsidenten ist ein allzu schwächlicher Nachkomme Sasons und des Studenten. Für Bruno ist es ein Leichtes, ihn einzusperren und damit dem Präsidenten einen Dienst zu erweisen, zu dem dieser aus lauter

Vaterliebe angeblich nicht in der Lage war. Lenz' Stärke in ‚Zeit der Schuldlosen' war der pointierte, geistreiche Dialog von Figuren, die jede für sich einen Gedanken, eine Idee verkörperten; da diskutierbare Gedanken und Ideen im ‚Gesicht' fehlen, kommt es nicht einmal zu einem spannenden Dialog.

Auch mit der Gattung Komödie kommt der Dramatiker Lenz nicht zurande. Eine bittere Komödie, eine Tragikomödie hätte sich auf dem Motiv des Personentausches durchaus aufbauen lassen; Erich Kästner hat ähnliches, ebenfalls zu abstrakt, in seiner ‚Schule der Diktatoren' (1956) versucht. Aber was bei Lenz fehlt, ist eben die Benutzung dieses Motivkomplexes, der zur Erheiterung des Publikums beigetragen hätte, und sei es auch nur mit bekannten Theatergags. Lenz hat in seinen Erzählungen und Romanen sehr viel Sinn für Satire und Humor gezeigt, der Sinn für Komik jedoch fehlt ihm.

‚Die Augenbinde'

Mit dem am 28. Februar 1970 im Düsseldorfer Schauspielhaus uraufgeführten Stück ‚Die Augenbinde' kehrt Lenz zu der Dramenform zurück, die sich für ihn mit ‚Zeit der Schuldlosen' als seiner Persönlichkeit adäquat erwiesen hatte: einer aktionsarmen Parabel in Dialogform.

Eine archäologisch-anthropologische Expedition trifft auf eine Gesellschaft von Blinden, die die Wissenschaftler gefangen setzen und nur unter der Bedingung freizulassen bereit sind, daß auch sie blind werden, indem sie sich eine Augenbinde anlegen lassen und unter den Blinden weiterleben. Bei dem Versuch, Wasser vom Fluß zu holen, wird Hoffmann, ein Angestellter des Instituts, überwältigt und geblendet. Professor Mosse, Instituts-Direktor und Leiter der Expedition, protestiert vergeblich gegen die Gesetze des ,,Bürgermeisters", des Exponenten der Gesellschaft von Blinden. Sein Schwiegersohn, Dr. Radbruch, nimmt als erster die Augenbinde an; dann folgt der kränkelnde Mosse. Seine Tochter Carla leistet Widerstand und bleibt mit ihrem gleichfalls geblendeten Jugendfreund, dem zynischen Alf, in der Isolation der Gefangenschaft zurück, nachdem sie herausgefunden hat, daß die Machthaber der Blinden selbst sehen können.

Bei dem Stück handelt es sich um eine einfache politische Parabel vom Widerstand gegen eine Diktatur, vom Reagieren der Menschen auf eine extreme Situation, die ihnen keine Wahl läßt, als sich anzupassen auf Kosten des Sehvermögens – das im weitesten Sinne für Einsichtsvermögen, Wahlvermögen, Wirklichkeitskontakt steht – oder aber in isolierter Gefangenschaft widerstehend auszuharren. In der extremen Situation und in der Konfrontation mit dem Gebot einer Diktatur sind schon die Parallelen zu Lenz' Bühnenerstling ‚Zeit der Schuldlosen‘ gegeben. Hier wie dort sind Menschen gefangen und unter Druck gesetzt, gegen ihr Gewissen zu handeln, um eine scheinbare Freiheit wiederzugewinnen. Hier wie dort zeigt sich die Schwäche der Menschen, die sich der Situation nicht gewachsen erweisen und mehr oder weniger schnell ‚umfallen‘. Darüber hinaus sind zahlreiche Parallelen auch in den typischen Verhaltensweisen der einzelnen Expeditionsteilnehmer deutlich. Radbruch, Professor Mosse und Hoffmann gleichen Gestalten wie dem Ingenieur, dem Hotelier und dem Bankmann; der zynische Alf hat vieles mit dem Konsul gemeinsam, während der rebellierende Sohn des Bürgermeisters, Mircea, dem Studenten zu vergleichen wäre. Carla ähnelt Sason, wenn sie auch realistischer ist als ihr Vorgänger. ,,Neu am Stück ist, daß die Macht offen auftritt in der Gestalt des Bürgermeisters und seiner Helfer.‘‘[59] Alle Figuren personifizieren eindeutig eine typische Verhaltensweise der Macht gegenüber. Keine gewinnt ein charakterlich individuelles Profil: Mosse ist ein reichlich naiver Wissenschaftler, dessen Widerstand sich in lautstarken Wortprotesten erschöpft; schließlich gibt er aus Gesundheitsgründen nach, wie er sich selber einredet. Radbruch ist ein gewissenloser Opportunist, der seine Fahne immer nach dem Wind dreht. Wie sich im Laufe der Handlung herausstellt, hatte er schon früher versucht, die Suche nach dem verunglückten Mosse in die falsche Richtung zu leiten, um seinen Vorgesetzten auszuschalten. Hoffmann ist die verkörperte Dummheit: Er glaubt, mit brachialer Gewalt gegen eine Mehrheit etwas ausrichten zu können, als es dafür längst zu spät ist. Alf ist eine schillernde Figur. Er ist zwar hochintelligent, aber seine Intelligenz ist richtungslos und im Gegensatz zu der Radbruchs unorganisiert, unpraktisch. Ewiger Student, hat er sich erfolglos in verschiedenen Fächern versucht. Seine Jugendliebe zu Carla ist gescheitert, und nun versucht er sich in zynischen Angriffen auf Radbruch, den „Schulmeister" (rororo-Ausgabe, 30), kann sein Selbstmitleid aber nicht verbergen (vgl. 52). Eine realistischere Intelligenz besitzt Carla: Ihr wird im Laufe der Handlung nicht nur klar, daß Radbruch ihren Vater aus dem Wege hat räumen wollen; sie spürt auch von vornherein, daß die Expedition einen schlimmen Ausgang nehmen wird (z. B. 9). Klarsichtig bemerkt sie auch, daß von Anfang an aktiver Widerstand das einzig wirksame Mittel gewesen wäre. Schon früh hat sie den Verdacht, daß die Anführer der Blinden sehen können (70), und beweist dies, indem sie in Kopfhöhe eine Schnur spannt, der der Bürgermeister und sein Helfer ausweichen. Damit hat sie – freilich ohne praktischen Erfolg – die Organisation der Gesellschaft der Blinden als Diktatur des Bürgermeisters und seiner Helfer und dessen Gerede von notwendiger Gleichheit als Mittel zur Erhaltung der Herrschaft entlarvt. Carla will auf das Recht „zu sehen, was ich sehen will. Ja sagen, wenn es möglich ist ... Und nein – wenn ich nicht anders kann ..." (94) nicht verzichten. Deshalb weigert sie sich, die Binde zu nehmen. Eben diese Wahlmöglichkeit will der Bürgermeister eliminieren. Die Herrschaft ist für ihn gesichert, wenn die Handlungsfähigkeit der Menschen eingeschränkt ist, ein Umstand, den ihre Blindheit garantiert.

Aber ganz negativ geht das Stück nicht aus: Carlas Denken zeigt Infektionskraft. Ihre Entdeckung, daß der Bürgermeister und seine Leute sehen können, wird auch von Mircea, dem Sohn des Diktators, gehört, der bisher in furchtsame Passivität gebannt war und den Expeditionsteilnehmern, ein positives Beispiel der Blindheit, als „Lockvogel" (47f.) beigesellt worden war. Jetzt reißt er sich seine Augenbinde ab und klagt seinen

Vater der Volksverdummung und der Lüge an (97). Er wird überwältigt und wird wohl geblendet werden, aber er wird dafür sorgen, daß auch andere von der großen Lüge des Bürgermeisters erfahren.

Im Gegensatz zu ‚Zeit der Schuldlosen‘ kommt es hier wiederum nicht zu intelligenten Dialogen. Konflikte werden nicht ausgespielt. Die Gestalten werden mit den Anschauungen der Diktatur konfrontiert und geben sich, mit Ausnahme Carlas, bald geschlagen. Kompromisse und Übergangsformen des Verhaltens gibt es nicht. Der Bürgermeister beruft sich auf die Gesetze seiner Gesellschaft, hinter denen er sich verschanzt. Eine Handlung hätte sich aus dem internen Prozeß um Radbruchs unterlassene Hilfeleistung Mosse gegenüber entfalten lassen, aber dieser ‚Prozeß‘ wird nicht zu Ende geführt. So konzentriert sich alles auf die Parabel vom Widerstand gegen eine Diktatur und von der Schwäche der Menschen der Macht gegenüber. Damit ist ein in Wirklichkeit doch komplizierterer Sachverhalt allzu sehr simplifiziert worden. Die Gestalten sind zu typenhaft, zu sehr schwarz-weiß gezeichnet. Durch den Mangel an Handlung verflacht das Drama. Es ist ein „in vieler Hinsicht unterkühltes Stück, zu trocken, fast möchte man sagen: zu pedantisch zusammengebaut. Der Autor hat sich an alle Regeln der Baukunst gehalten und ein im Ganzen lebloses Stück gefertigt.“[60] Ein anderer Kritiker schreibt nach der Uraufführung: „Zu den Vorzügen gehört die präzise und brillante Dialektik, zu den Schwächen eine gewisse Farblosigkeit der Figuren, ihr Mangel an individueller Plastizität. Das Stück hat die lapidare Kürze und Knappheit eines Exempels, aber auch weithin die dramatische Blutarmut des exakt konstruierten Modells.“[61] Und ein weiteres Urteil lautet: „Lenz, der Geschichtenerzähler, erzählt eine Geschichte, die man gern im Hörspiel mitanhören würde. Keine Szene aber, die erkennen ließe, daß sie auch des visuellen Bühneneindrucks bedürfte.“[62]

So läßt sich ein Stück kritisieren, das vielleicht nicht so schlecht gewirkt hätte, wenn es zehn Jahre früher über die Bretter gegangen wäre. Noch stärker nämlich als ‚Das Gesicht‘ war

‚Die Augenbinde‘ von Thema und Form her anachronistisch. Das deutsche Publikum von 1970 brachte dem Thema Widerstand gegen eine Diktatur längst nicht mehr das Interesse entgegen wie 1961 dem Stück ‚Zeit der Schuldlosen‘. Inzwischen war so viel zum Thema ‚Drittes Reich‘ gesagt und geschrieben worden, daß sich eine Übersättigung eingestellt hatte; inzwischen hatte man sich – die Studentenbewegung der endsechziger Jahre sind ein Beweis dafür – eher der Kritik und Reform von Gesellschaft, Institutionen und Politik der eigenen Zeit zugewandt. Einem dokumentarischen Drama zum Vietnam-Krieg oder zur Politik in Griechenland, mit konkreten Namens- und Ortsangaben, war die Zeit unendlich günstiger als einem Denkspiel, einer noch so exakt konstruierten Parabel, die indirekt doch nur wieder das Thema des Dritten Reiches traf.

Aus diesen kritischen Bemerkungen wird aber auch deutlich, daß Lenz' Erfolg mit ‚Zeit der Schuldlosen‘ als zeitbedingter Glücksfall anzusehen ist. Siegfried Lenz ist seiner Begabung nach kein Theatermann. Die Erzählung ist sein Metier und, als Form szenischer Dichtung, das Hörspiel.

Hörspiele

Im Hörspiel kommen alle Qualitäten Lenz' zur Geltung, die ihm auf der Bühne zum Nachteil ausschlagen: Talent für Dialog, für witziges, satirisches, ironisches und intelligentes Wortgeplänkel gegenüber einem Mangel an Sinn für Bühnenaktion und Visuell-Showhaftes. Darüber hinaus verlangt das Hörspiel eine Konzentration auf wenige wichtige Hauptpersonen, hat aber den Vorteil, daß es dem Autor einen schnellen und häufigen Schauplatzwechsel erlaubt. Wenn das Hörspiel dabei straff gegliedert ist, kann es genauso ‚dramatisch‘ wirken wie ein Bühnenstück.

Lenz hat eine ganze Reihe von Hörspielen verfaßt, von denen die meisten in Buchform nicht zugänglich sind, so u. a. ‚Wanderjahre ohne Lehre‘ (1952), ‚Die Nacht des Tauchers‘ (1954), ‚Die Muschel öffnet sich langsam‘ (1956), ‚Die Sumpfleute‘ (1958). Unter dem Titel ‚Haussuchung‘ (1967) liegen jedoch, neben ‚Zeit der Schuldlosen-Zeit der Schuldigen‘, vier wichtige Hörspiele von Lenz in Buchform vor, und zwar ‚Das schönste Fest der Welt‘ (1953), ‚Haussuchung‘ (1963), ‚Die Enttäuschung‘ (1966) und ‚Das Labyrinth‘ (1967). Ein Blick auf diese vier Titel soll Lenz als Hörspielautor charakterisieren, der hier, im Gegensatz zu ‚Zeit der Schuldlosen-Zeit der Schuldigen‘, eine neue Seite seines Talents offenbart.

Der Marquis de Serpa hat die reiche Welt – Erb- und Besitzadel sowie Intellektuelle – zu seinem ‚schönsten Fest der Welt‘ eingeladen, das er mithilfe seines Dieners Barbirolli aufs Glänzendste arrangiert. Vincente und Paolo, zwei Männer aus dem Dorf des Marquis, haben beschlossen, das Fest zu sprengen, weil die hohen Ausgaben der Armut der Dorfbewohner spotten. Ihre Dynamitladungen haben sie in den Steinfröschen der Leuchtfontäne untergebracht, doch die Sprengung mißlingt zunächst, da der Diener die Hauptsicherung der Parkbeleuchtung ausgeschraubt hat. Die beiden Revolutionäre werden dingfest gemacht und ihre ‚Kostüme‘ öffentlich prämiert. Als sie in ihrer Dankesrede die Gäste anklagen, wird dies nur als neuer Veranstaltungsgag beklatscht. Nun schaltet der Marquis selbst die Reservestromleitung ein und läßt, zum Ergötzen der Gäste, die Leuchtfontäne tatsächlich in die Luft fliegen, womit er ebenfalls nur Beifall erntet. Der Schriftstellerfreund des Marquis gibt dazu seinen Kommentar: ,,So geht's, mein Freund: je näher die Katastrophe, desto angenehmer sind die Feste. Dynamit ist ein Witzwort geworden. Eine Sprengung die beste Volksbelustigung". (dtv-Ausgabe, 39)

Die Akteure des Spiels sind meist in Gruppen einander zugeordnet: So bilden der Marquis de Serpa und sein Diener Barbirolli sowie die revolutionären Eindringlinge Vincente und Paolo je eine Zweiergruppe. Ein Herzog von Furley bildet mit seiner zu Hause gebliebenen Frau und der Amerikanerin Mrs. Fletcher eine Dreiergruppe, ähnlich wie Barbara, ,,ein ehrgeiziges Mädchen" (möglicherweise eine illegitime Tochter des Marquis), dem amerikanischen Schriftsteller Oppelsheimer und dem Baron Cockpit, einem ,,galanten Ganoven", zugeordnet ist. Was ihre Intelligenz angeht, so gehören der Marquis und Oppelsheimer zusammen, der Herzog von Furley und Mrs. Fletcher (adelige Dekadenz und reiche Langeweile), Barbara und Cockpit (modernes soziales Strebertum und adelige Kriminalität). Als Typen, Repräsentanten bestimmter Denk- und Verhaltensweisen prägen sich die einzelnen Personen leicht ein. Gut charakterisiert sind sie darüber hinaus auch durch einen je eigenen Sprachstil: Vincente und Paolo gehören z. B. durch ihren redensartlichen und z. T. vulgären Sprachstil zusammen (Paolo: ,,Hab' tüchtigen Kohldampf", oder: ,,Pastete? Ist ja alles Fisselkram." [22] Vincente: ,,Du verdammter Idiot! Du kannst doch hier nicht allein sprengen!" [33]) ,,Den Herzog erkennt man leicht an seinen Anglizismen (,Oh, ich sehe', statt ,ich verstehe', S. 26), Barbirolli an seinen gestelzten Aussprüchen (,Der Geflügelsalat ist hinreichend verführerisch', S. 8, oder über die Detonation: ,... als Geräusche zu vernehmen waren, die lediglich für die groben Trommelfelle von Militärs wohlklingend sind ...', S. 39. Der Marquis weist sich durch Arroganz und Schnoddrigkeit aus (zu Barbirolli: ,Red doch nicht immer so geschwollen', S. 8; ,Was machen wir, wenn's Kuhfladen regnet?', S. 8); Oppelsheimer hat eine deutliche Neigung zu Weisheitssprüchen [...], Cockpit fällt leicht in den Slang altpreußischer Offiziere (,Bitte, gnä' Fräulein, mein' kleinen Schwächeanfall zu entschuldigen', S. 20) [...].""[63]

In diesem frühen Hörspiel macht Lenz am ausgiebigsten von der Möglichkeit des Schauplatzwechsels Gebrauch, wodurch das Ganze ein rasantes Tempo erhält und womit gleichzeitig der Eindruck der Buntbewegtheit vermittelt wird, der dem Titel angemessen ist.

Der Titel impliziert schon einen Anspruch, der zum Widerspruch herausfordert. Thema ist die soziale Frage: Wie kann die Aristrokratie (Adel, Geld und Geist) kostspielige Feste feiern, wenn nebenan die Armut herrscht? Diesem sozialkritischen Ansatz weicht Lenz aber bewußt aus. Revolution wird zur bloßen Unterhaltung; Dynamit wird als famos belächelt. Paolos Anklagen in seiner ,,Dankesrede" für die Kostümprämierung sind durchaus ernst gemeint und berechtigt: „Soll ich euch mal sagen, was ihr braucht? Richtige Unterhaltung! Und wißt ihr, was das ist, diese richtige Unterhaltung? Arbeit ist das. Sechzig Stunden im Steinbruch oder in den Bleiminen drüben in Tuntasola." (36) Da wird selbst dem Marquis das Lachen seiner Gäste zuviel; er wird von Melancholie ergriffen, sprengt selbst sein Fest und – erntet ebenfalls nur Beifall. Die Moral: der dekadenten Gesellschaft kommt selbst Dynamit nicht bei; sie nimmt nichts mehr ernst. Und eine gewisse Verschiebung der Standpunkte, ein Rollentausch hat stattgefunden: Der Revolutionär Vincente tanzt auf dem Fest und ergeht sich in sentimentalen Liebesträumereien, während der Marquis zum Revolutionär wird und – scheitert. Die Revolutionäre amüsieren sich, von Reichtum, Nahrungs- und Sexfülle betört; der Marquis wird zum Weltverbesserer des Augenblicks. Erfolg hat keiner von beiden.

Ein heiteres Rollen- und Maskenspiel, dessen sozialkritisches Potential nicht zum Tragen kommt, sondern zugunsten versöhnlicher Worte abgebogen wird. Schon hier, 1953, zeigt sich, daß Lenz kein Revolutionär, kein Anwalt des Proletariats ist, sondern höchstens auf In-Fragestellung und reformerische Verbesserung des Bestehenden aus ist.

In ,Die Enttäuschung' geht es ebenfalls um den Einbruch von Realität in ein Spiel, in diesem Fall ein im Zuchthaus Isenbüttel aufgeführtes Theaterstück, das die als Statisten fungierenden Insassen als Gelegenheit für einen Ausbruchsversuch benutzen wollen. Zwei „Stimmen" führen, einander abwechselnd, den Zuhörer in den Schauplatz ein, stellen die Wärter vor und informieren den Zuhörer zwischendurch immer wieder über die Vorgänge auf der Bühne: In dem ,Spiel im Spiel' treten zwei alte Nichtsnutze, James und sein ,Diener' Ossip, auf, die glauben, ein Schiff mittels einer Fackel in Untiefen gelockt und zum Stranden gebracht zu haben. Als sie mit einem Boot auf das Schiff gelangen, stellen sie fest, daß ihre ,Beute' nur aus wilden Tieren besteht, gespielt von den Häftlingen, Tieren, die sich beim Auflaufen des Schiffs aus ihren Käfigen haben befreien können. Der Ausbruchsversuch der Tiere/Häftlinge bricht zusammen, als sich Ossip als fähiger Dompteur entpuppt, der mit seiner Peitsche Ernst macht und die ‚Tiere‘ in ihre Käfige zurücktreibt. So bezieht sich der Titel des Spiels im Spiel, ‚Die Enttäuschung‘, nicht nur auf Ossips und James’ Reaktion auf die für sie nutzlose Schiffsladung, sondern noch passender auf die Reaktion der Häftlinge auf das Mißlingen des Ausbruchsversuchs. Der Traum von der materiellen Freiheit, den James und Ossip träumen, findet seine Entsprechung im Freiheitstraum der Häftlinge, der durch das Spiel ebenfalls zusammenbricht. Wie sich die Situation der ausbruchsfreudigen Häftlinge gewandelt hat, so auch das Verhältnis von Ossip und James: Der ehemalige „Herr“ James trägt nun seinen ihm früher dienenden Freund huckepack an Land (69). Wieder ist eine ‚Revolution‘ mißlungen; wieder haben auch in diesem Hörspiel die Teilnehmer die Rollen getauscht. „Die Parabel vom Traum der Freiheit zeigt nicht nur den Insassen des Hauses, daß Träume nur als Träume weitergesponnen werden: In der Realität muß man sich mit der herrschenden Situation abfinden.“[64]

Bleibt zu ergänzen, daß der lehrhafte Parabelcharakter hier in keiner Weise überbetont ist. Nicht nur sind die von den Häftlingen und ihrem Ausbruchsversuch handelnde ‚Rahmenhandlung‘ sowie das ‚Spiel im Spiel‘ (die Bühnenaufführung) thematisch aufs beste integriert; auch die verbindende Kommentierung durch die beiden „Stimmen“ in gewollt stimmungshaft erzählendem Ton trägt zur ‚eleganten‘ Vereinigung beider Bereiche bei. Vom Technischen her handelt es sich um das gelungenste der hier veröffentlichten Hörspiele.

Schon in dem Parabelspiel von James und Ossip zeigt sich eine Abweichung von einem vordergründigen Realismus. Eine Hinwendung zur „Sphäre des Surrealen und Absurden, wie es aus dem Werk Becketts und Ionescos geläufig ist“,[65] wird noch deutlicher in der Funkkomödie ‚Das Labyrinth‘: Elfi und Trudi, zwei alte Studienrätinnen, haben in ihrem Garten ein kleines persisches Labyrinth, in dem Leute auf Nimmerwiedersehen verschwinden. Von der Liebe enttäuscht und angestachelt von ihrer Tante Marlies, geben sie sich schließlich offenem Männerhaß hin: Sie beschließen, die unter ihren Männern leidenden Frauen der Stadt (Hamburg) von ihrer Bürde zu befreien, indem sie die Männer gegen ein angemessenes Honorar im Labyrinth verschwinden lassen. Der Andrang ist groß, aber die Vergangenheit bricht in das muntere Männermorden ein, als sie den Auftrag erhalten, den Meteorologen Burkhardt Knopf verschwinden zu lassen, durch den sich die Schwestern vor Jahren, miteinander wetteifernd, enttäuscht glaubten. Elfi verschwindet schließlich mit ihm gemeinsam im Labyrinth, das als „Ort des Sich-Verirrens, des Traums und des Untergangs" für Trudi und Elfi wohl „gleichbedeutend [ist] mit der Liebe, vor der sich alle Frauen in acht nehmen sollen".[66]

Das Hörspiel ist analytisch angelegt. Am Anfang stehen die Studienrätinnen mit ihrem Männerhaß, verbitterte ältere Damen, die glauben, mit den Männern das Leid aus der Welt verbannen zu können. Dabei ist Elfi die fanatischere Männerhasserin, während die sanftere Trudi von ihr und der exzentrischen Tante immer wieder von der Notwendigkeit der extremen Maßnahme überzeugt werden muß. Als dann der Meteorologe Knopf auftaucht und ebenfalls beseitigt werden soll, bricht die Haßphilosophie der beiden alten Jungfern in sich zusammen. Der sich als Überzeugung drapierende Männerhaß erweist sich als emotionale Reaktion auf unerwidert gebliebene Liebe. Wie in ‚Die Enttäuschung' findet auch hier wieder ein Rollentausch statt, wenn die sanftmütige Trudi plötzlich der früher so aggressiven Elfi die Leviten liest.

Die Handlung ist diesmal auf nur zwei Schauplätze, Salon und Garten, beschränkt, so daß sich das Hörspiel leicht auf die Bühne übertragen ließe. Eine hörspielspezifische Erzählerstimme fehlt ebenfalls. ‚Das Labyrinth' erinnert durch seine Handlung und die in Deutschland seltene Form des schwarzen Humors nicht nur an Wolfgang Hildesheimers ‚Herrn Walsers Raben', in dem lästige Verwandte in Vögel verwandelt werden, sondern auch an die alte Filmkomödie ‚Arsen und Spitzenhäubchen', in der zwei alte Damen alte Männer von ihrer Einsamkeit erlösen.

127

Manfred Leier urteilt in seiner Rezension der Hörspielsammlung: „Seine [Lenz'] Art von Humor hält ziemlich genau die Mitte zwischen Ernst und Schauermärchen. Alle Lenzschen Hörspiele haben etwas von jenem vordergründig-doppelbödigen, hintersinnig-einfachen Grusical-Stil, der eine Zeitlang deutsche Lichtspielhäuser überschwemmte."[67]

Auch bei ‚Haussuchung' handelt es sich um ein analytisches Hörspiel: Eberhard Bosse läßt sich immer wieder als der angebliche Retter zweier wichtiger Brücken seiner Stadt in den letzten Tagen des Zweiten Weltkriegs feiern, während in Wirklichkeit Felix, ein „kleiner dreckiger Kerl", die Tat vollbracht hat. Bosse ist mit Christina verheiratet, der Tochter eines reichen Haarwasserfabrikanten, und sonnt sich in seinem Ruhm, ohne zu arbeiten. Christina, die im Laufe ihrer neunjährigen Ehe immer mehr den Respekt vor ihrem Mann verloren hat, läßt sich mit ihrem Untermieter, dem Studenten Tom, ein. Dieser hat aus Enttäuschung darüber, daß er nie mit Christina allein sein kann, Schlafmittel aus einer ganzen Reihe Apotheken zusammengestohlen, um sie in das Staubecken der Stadt zu schütten und dadurch den ganzen Stadtbezirk einzuschläfern. So glaubt er, endlich mit Christina allein sein zu können. Die Polizei ist ihm aber auf der Spur und führt eine Haussuchung durch, die nur scheinbar erfolglos ist, da Christina die Barbiturate versteckt hat. In Wirklichkeit fördert sie die Quittung der letzten Postanweisung für Felix zutage, der Bosse erpreßt, und andererseits belauscht Bosse ein Gespräch zwischen seiner Frau und dem in der Garage versteckten Tom und kommt damit ihrer Untreue auf die Spur. Bosse kommentiert das dem Polizisten gegenüber: „Ich habe das Gefühl, eine Haussuchung sollte man sich von Zeit zu Zeit leisten – wie einen Besuch beim Arzt. Man weiß nie, was sich heimlich festsetzt. Wenn erst die Schmerzen beginnen, ist es zu spät ... Wer Klarheit über sich gewinnen will, meine Herren, sollte ab und zu vor den Schirm treten ..." (128)

Vom Thema her ist dieses Hörspiel das problemreichste der Sammlung und läßt in mancher Hinsicht an die Romane und Dramen Max Frischs denken: Jeder macht sich ein Bild vom anderen und von sich selbst, das er selten hinterfragt und das selten den Tatsachen entspricht. Am deutlichsten wird dieses Problem an dem Studenten Tom, von dem Bosse, der trotz seiner charakterlichen Schwächen klarsichtigste Kommentator der Handlung, sagt: „Auch er hatte seinen Traum ... in einer leeren Welt ...“ (131). Selbst Christina, der Tom leidtut (131), sieht das ein, wenn sie zu Tom sagt: „Man kann nur glücklich sein inmitten der andern ... weil es sie gibt. Was du für dich in Anspruch nimmst, ist Wahnsinn.“ (115) Aber was im Falle Toms als Wahnsinn erscheint, zählt auch für Bosse und Christina: Auch sie haben ihren Traum, haben ihr Bild von sich selbst, wollen in eine Rolle schlüpfen, die sie wesensmäßig nicht ausfüllen können, und sehen einander anders, als sie sind: Weder ist Bosse der heldenhafte Brückenretter, noch ist Christina die liebende Ehefrau. Nach einem derartigen Maskenabreißen hätte man nun als Lösung eine Trennung des Paares, etwa ein Fortgehen des Mannes und ein tränenloses Dasitzen der desillusionierten Frau, erwarten können. Mitnichten: die hier von Lenz gezeigte Lösung entspricht der Realität des Ehealltags, der Einsicht in die Mangelhaftigkeit eines jeden und der Konzilianz, der wir immer wieder in seinen Schriften begegnen:

> „*Bosse:* [...] Wart auf mich, hörst du? Warte, bis ich zurück bin. *Pause*
>
> *Christina:* Und dann? Was soll dann geschehen?
>
> *Bosse:* Dann geht es weiter. Was denn sonst?“ (132)

Man könnte diesen Schluß als Ausdruck von Trostlosigkeit, Hoffnungslosigkeit angesichts einer Ehemisere par excellence interpretieren. Eher ist diese Lösung als Ausdruck von Realitätssinn und Kompromißbereitschaft zu sehen, als Ausdruck der Notwendigkeit, einander zu akzeptieren, der Notwendigkeit, sich trotz aller Fehler und Schwächen zu arrangieren. Lenz ist ein Mann, der auf Fehler und Schwächen hinweist, der aber die Tür stets einen Spalt für die Versöhnung offenstehen läßt.

III. Siegfried Lenz und die deutsche Nachkriegsliteratur

1. Zur Literaturtheorie

Eine Bestimmung von Lenz' Standort in der (west-)deutschen Nachkriegsliteratur setzt voraus, daß man einen Blick auf die literaturtheoretischen Äußerungen des Schriftstellers wirft, von denen eine große Zahl in seinem Essay-Sammelband ‚Beziehungen, Ansichten und Bekenntnisse zur Literatur' (Hamburg 1970) vereint ist, ergänzt durch in Zeitschriften und Tageszeitungen verstreute Aufsätze. Eine kurze Betrachtung einiger wichtiger Abhandlungen mag Lenz' ,,Ansichten und Bekenntnisse" verdeutlichen:

Programmatischen Charakter hatte schon die ‚Autobiographische Skizze' des Autors aus dem Jahre 1962, in der er zum Schluß seine Gründe für die Wahl des Schriftstellerberufs zusammenfaßt: ,,Für mich ist das Schreiben auch eine Art Selbstbefragung, und in diesem Sinne versuche ich, auf gewisse Herausforderungen mit meinen Möglichkeiten zu antworten. Mitunter ändern sich meine Ansichten über das Schreiben, meine Erwartungen gegenüber dem Schriftsteller jedoch bleiben sich gleich. Ich erwarte von ihm ein gewisses Mitleid, Gerechtigkeit und einen Protest." (Autobiographische Skizze, 79.) Seine schriftstellerische Tätigkeit dient Lenz also einerseits als Mittel zu größerem Selbstverständnis und als Antwort und Reaktion auf autobiographische, gleichzeitig aber auch repräsentative Generationserfahrungen. Deutlicher wird dies in folgender Äußerung in einem Interview: ,,Man kann bestimmte Erfahrungen als Auftrag verstehen; zumindest kann man sich nicht von den Erfahrungen seiner Generation trennen. Gewalt, Flucht, mißbrauchte Begeisterung, sinnlose Tode: dies gehört zum Inventar meiner Generationserfahrung, und es erscheint mir nur selbstverständlich, daß ich als Schriftsteller darauf eingehe. Schreiben ist noch immer die beste Möglichkeit, um äußere und innere Ereignisse verstehen zu lernen."[68]

Der zweite, in der ‚Autobiographischen Skizze' nur angedeutete Aspekt ist die Selbstverpflichtung Lenz' zu einer engagierten Literatur. Seine Stellungnahme und Anwaltschaft für die Schwachen, Zu-kurz-Gekommenen und seinen Protest gegen gesellschaftliche Verhältnisse, sein immer neues Plädoyer für Zweifel, Veränderung, Reform hat er in seiner ‚Bremer Rede' (Der Künstler als Mitwisser. Eine Rede in Bremen [1962], in: Beziehungen, 278–286) näher erläutert: (Ein Schriftsteller, meint Lenz, hat sich seinen Beruf freiwillig gewählt, um mithilfe der Sprache Gefühlen des Mangels und der Freude Ausdruck zu verleihen: „Ein Schriftsteller ist ein Mensch, den niemand zwingt, das zu sein, was er ist; zum Schriftsteller wird man weder bestellt noch berufen wie etwa ein Richter. Er entschließt sich vielmehr freiwillig dazu, [...] mit Hilfe der Sprache die Welt zu entblößen, und zwar so, daß niemand sich in ihr unschuldig nennen kann. Der Schriftsteller handelt, indem er etwas aufdeckt: eine gemeinsame Not, gemeinsame Leidenschaften, Hoffnungen, Freuden, eine Bedrohung, die alle betrifft." (ebenda, 281) Bleibt Lenz in diesem Zitat noch allgemein, indem er den Schriftsteller zum Sprecher aller macht, so werden seine Worte gleich im Folgenden zum Programm eines – gemäßigten – sozialen Engagements: „[...] darum erwarte ich vom Schriftsteller, daß er, da er keine äußere Verpflichtung anerkennt, zumindest sich selbst ein Versprechen gibt, [...]: es läuft auf die stillschweigende Verpflichtung hinaus, die Sprache zu verteidigen und mit den Machtlosen solidarisch zu sein, mit den vielen, die Geschichte nur erdulden müssen und denen sogar Hoffnungen verweigert werden.

Darin liegt für mich das selbstverständliche Engagement des Schriftstellers, was so viel heißt, daß man sich nicht nur für einen bevorzugten Stil entscheidet, sondern daß man sich auch dafür erklärt, die Seufzer und die Erwartungen der anderen zu seinen eigenen Seufzern und Erwartungen zu machen. [...]

Mein Anspruch an den Schriftsteller besteht nicht darin, daß er, verschont von der Welt, mit einer Schere schöne Dinge aus Silberpapier schneidet; vielmehr hoffe ich, daß er mit dem Mittel der Sprache den Augenblicken unserer Verzweiflung und den Augenblicken eines schwierigen Glücks Widerhall verschafft. In unserer Welt wird auch der Künstler zum Mitwisser – zum Mitwisser von Rechtlosigkeit, von Hunger, von Verfolgung und riskanten Träumen. [...] Es scheint mir, daß seine Arbeit ihn erst dann rechtfertigt, wenn er seine Mitwisserschaft zu erkennen gibt, wenn er das Schweigen nicht übergeht, zu dem andere verurteilt sind." (ebenda, 281 f.)

Ein Bekenntnis zur engagierten Literatur bei Ablehnung zweckfreier Kunst um der Kunst willen, der l'art-pour-l'art-Vorstellung der Rilke-George-Zeit und damit einer glücklicherweise heute historischen Konzeption von Literatur. Schon eingangs in dieser Rede grenzt sich Lenz jedoch auch gegen eine lautstarke Protestliteratur ab und bringt eine konziliante Haltung zum Ausdruck, die das Buch als Paktangebot an den Leser ansieht: ,,Ich habe nicht vor, die Empfehlung eines Kollegen aufzunehmen, der dem Schriftsteller riet, bei jeder aussichtsreichen Gelegenheit aus Herzensgrund bösartig zu sein und die Wonnen der Brüskierung auszukosten. Ich schätze nun einmal die Kunst, herauszufordern, nicht so hoch ein wie die Kunst, einen wirkungsvollen Pakt mit dem Leser herzustellen, um die bestehenden Übel zu verringern."(ebenda, 278) In dem Aufsatz ,Was ist ein Leser?' (Die Weltwoche, 17. Sept. 1965, 25) geht Lenz auf diese ,Pakttheorie' näher ein: Bücher werden nur durch ihre Leser voll realisiert, können nur in der Aufnahme durch den Leser wirksam werden. ,,Der Leser [...] das ist zunächst der Komplize oder der Gegner eines Werkes, sein Vertrauter, sein Imitator, sein Anwalt, und das heißt allgemein, daß der Leser die Möglichkeit eines Werkes ist. [...] Der Leser ist erforderlich, damit ein Werk Verbindlichkeit gewinnen kann." (ebenda) Der Leser ist für den Autor anonym, unbekannt, wodurch am zuverlässigsten die Freiheit der Wahl (des Lesers) garantiert ist, ein Werk zu akzeptieren oder zurückzuweisen. Andererseits muß die Identität des Autors dem Leser bekannt sein, ,,da Schreiben den Versuch einschließt, zu überreden, zu werben, sogar zu überzeugen, [...]. Ein Autor schreibt das, was er vermißt, und ein Leser entscheidet sich für eine Lektüre, die ihn unter Umständen verändert: somit haben doch beide eine Wahl getroffen, die zu etwas verpflichtet. Und wenn man den Autor schon als eine Ein-Mann-Partei betrachtet, die auf mancherlei Weise für ihre Manifeste trommelt, dann wird man als Leser wohl das Recht haben, einige Fragen zur Identität zu stellen; schließlich darf man sich ja wohl für den interessieren, der einem, sozusagen unter der Decke seines Werkes, einen Pakt anbietet." (ebenda) Dieser Pakt laufe auf Veränderung hinaus, auf ,,Veränderung nach vorn". Leser und Autor bieten sich gegenseitig ein ,,Wunschprogramm an und vergleichen es miteinander". (ebenda)

Die hier gebrauchte Terminologie – ,,Pakt", ,,Wahl", ,,Ein-Mann-Partei", ,,Manifeste" – ist nicht zufällig der politischen Sphäre entnommen: Lenz offeriert hier tatsächlich so etwas wie eine demokratische Literaturtheorie, die, wohl am eindeutigsten in seinem Roman ,Das Vorbild' verwirklicht, konsequenterweise auch die Schwächen der Demokratie – Mangel an lautstarkem Pomp und simplifizierenden Thesen – und damit eine politische (sprich: geistige, literarische) Reife des Lesers voraussetzt. Wie in einer echten Demokratie sieht Lenz auch hier den Dialog zwischen Regierenden und Wählern (sprich: Autor und Lesern) als erstrebenswert an; er spricht nicht zu seinen Lesern hinab, sondern stellt sich auf die gleiche Ebene mit ihnen: ,,Der Dialog mit dem Leser ist erwünscht. Die Objekte meines Zornes sollen zu Objekten meiner Leser werden, ich halte meine Leser für gleichwertig, ich werbe um ihre Sympathie und Anteilnahme. Was ich dem Leser anbiete, ist immer ergänzungsbedürftig."[69]

Lenz ist auch in einer seiner letzten Buchveröffentlichungen, ,Der Geist der Mirabelle', ein Erzähler, der auf traditionelle Weise – hier sogar im mündlichen Erzählstil – fiktive Geschichten erzählt. In dem Aufsatz ,Gnadengesuch für die Geschichte (1966)' (Beziehungen, 127–131) verteidigt er das traditionelle

Geschichtenerzählen, die Aufrechterhaltung einer fiktiven Fabel, indem er gegen die dokumentarische Literatur der sechziger Jahre Stellung bezieht: „Ich bekenne, ich brauche Geschichten, um die Welt zu verstehen, – und zwar in gleicher Weise, wie andere womöglich die Formel brauchen, das Dokument. [...] Das Dokument will uns überreden, daß alles zu dokumentieren sei, die Geschichte will uns überreden, so zu tun, als ob alles zu erzählen sei: darin, glaube ich, liegt der Unterschied. Das Dokument beansprucht Gebundenheit bei gleichzeitigem Zugeständnis der Freiheit. Das aber bedeutet, daß nur in einem Sinn gelesen, wiederholt, aufgenommen werden kann, während die Geschichte [...] damit einverstanden ist, wenn jeder Leser sie in seinem Sinne wiederholt." (ebenda 131) Den Wert des Dokuments setzt Lenz auch in einem späteren Interview niedriger an: „Das Dokument ist nicht so dokumentarisch wie es den Anschein hat. Es liefert nur Ausschnitt, Profil, Extrakt. Bei aller Notwendigkeit des Versuchs: ich persönlich erwarte vom Autor, daß er etwas verwandelt, umsetzt, durch ein Temperament bricht. Seine Investition bleibt entscheidend."[70]

Das Dokument gehört für Lenz in den Erkenntnisbereich der Wissenschaft, während die Geschichte als dem Bereich der Literatur angehörend andere Anforderungen und Aufgaben erfüllt, wie Literatur und Wissenschaft wesensmäßig verschiedene Aufgaben haben. Dies ist ein Thema, das Lenz 1970 in einer Rede mit dem Titel ‚Der Wettlauf der Ungleichen oder: über Chancen und Aufgaben der Literatur im wissenschaftlichen Zeitalter‘[71] abgehandelt hat. Literatur kann heute, meint er, Aufgaben erfüllen, die der Wissenschaft verschlossen sind. Wissenschaft kann formales Wissen vermitteln und dokumentierend sammeln; Literatur stellt das leidende, ratlose Individuum in den Mittelpunkt: „In einer von den Wissenschaften erhellten Welt sieht sich die Literatur vor allem auf eine Erscheinung verwiesen: nämlich auf das deformierte und verdunkelte Bild des ratlosen Individuums, dessen Ratlosigkeit und Wehrlosigkeit auch dann nicht aufhört, wenn es im Besitz der letzten glanzvollen Erkenntnisse ist. Da ist mit unparteiischer Wissenschaftstheorie nichts auszurichten. Hier aber, glaube ich, beginnen die Aufgaben einer Literatur von erklärter Parteilichkeit. Die Herkunft einer allgemeinen Trauer zu bestimmen; das Scheitern unserer Entwürfe zu begründen; die Furcht verständlich zu machen und der Hoffnung Namen zu geben: Und ich stelle mir vor, daß auch diese Versuche nicht fehlen dürfen: den Schrecken zu neutralisieren und die Not als veränderbar zu beschreiben; die Chancen der Sprache zu erproben und zu belegen, daß es richtiges und falsches Handeln gibt."[72] Darüber hinaus hat Literatur heute die Aufgabe, „die Lust zu wecken zu unmittelbarer Teilnahme am Dargestellten. [...] Aus dieser Lust zur Teilnahme ergibt sich ein Aufschluß über uns selbst. Wir erfahren unsere Möglichkeiten und stoßen zugleich an unsere Grenze."[73] Literatur schließt also für Lenz den moralischen Bereich ein und leistet einen Beitrag zur Selbsterkenntnis des Menschen, wie er mit wissenschaftlicher Dokumentation nicht zu leisten ist. So fügt er der gesellschaftskritischen Komponente seiner Literaturtheorie eine moralisch-humanistische hinzu.

Thesenhaft formuliert läßt sich Lenz' Literaturtheorie folgendermaßen zusammenfassen:

1. Schreiben ist für Lenz Selbstbefragung, eine Antwort auf autobiographische Generationserfahrungen.

2. Schreiben ist Protest und Stellungnahme für die Schwachen, Zu-kurz-Gekommenen der Gesellschaft.

3. Schreiben ist Protest gegen gesellschaftliche Verhältnisse; der Schriftsteller ist Mitwisser von Rechtlosigkeit und Hunger. Er tritt für den Zweifel, für reformerische Veränderungen der Gesellschaft ein.

4. Lenz wendet sich gegen zweckfreien Ästhetizismus, gegen eine Literatur als Kunst des Schönen, damit auch

5. gegen sprachideologische oder sprachsektiererische Verfahrensweisen[74] und

6. gegen dokumentarische Literatur.

7. Er verteidigt die Erhaltung der – traditionellen – Geschichte, die Bewahrung der Fabel, des anekdotischen Kerns, des unbeliebigen Konflikts.

8. Er ist gegen lautstarke Provokation des Lesers um jeden Preis,

9. für die Überredung des Lesers, einen geheimen Pakt mit ihm in einem demokratischen Prozeß des Gedankenaustausches.

10. Literatur ist für ihn Instrument der Selbsterkenntnis und der moralischen Ortung des Menschen.

2. Individuelle Entwicklung und literarische Trends

Als Angehöriger des Jahrgangs 1926 gehört Lenz zu der Generation, die zu jung war, um zu begreifen, was im Dritten Reich geschah, der erst zum Schluß klar wurde, daß sie indoktriniert und daß ihre Begeisterung mißbraucht wurde. Er ist jünger als Schriftsteller wie Heinrich Böll (geb. 1917), Alfred Andersch (geb. 1914) oder Wolfgang Koeppen (geb. 1906), der schon vor dem Krieg zu schreiben begonnen und dann eine Zeitlang geschwiegen hatte. Lenz gehört dem Alter nach in eine Gruppe mit Heinz von Cramer (geb. 1924), Hans Magnus Enzensberger (geb. 1929), Günter Grass (geb. 1927), Peter Rühmkopf (geb. 1929) und Martin Walser (geb. 1927). Wie schon 1961 Marcel Reich-Ranicki feststellte, vereinigt alle diese Schriftsteller, die sich – einschließlich Lenz – zum großen Teil in der ‚Gruppe 47‘ organisierten, eine Haltung ihrer Umwelt gegenüber, die durch Skepsis und Argwohn, wenn auch nie durch Geringschätzung oder gar Verachtung gekennzeichnet ist.[75] Sie alle haben die restaurative Politik von Adenauer bis Kiesinger abgelehnt und legten sich erst Mitte der sechziger Jahre parteipolitisch fest: Lenz und Grass wurden beide wiederholt für die SPD im Wahlkampf aktiv. Walsers Gesellschaftskritik, die sich zunächst politisch durch die SPD repräsentiert sah, sollte freilich seit 1965 auch in der sozialdemokratischen Partei keine Alternative mehr erblicken und sich nach links, zur DKP hin orientieren. Diese Schriftsteller, die Reich-Ranicki 1963 noch als ,,engagierte Schriftsteller ohne Programm, Gläubige ohne Glaubensbekenntnisse‘‘[76] bezeichnen konnte, haben sich in der zweiten

Hälfte der sechziger Jahre sehr wohl politisch bekannt – mit ihnen Siegfried Lenz. Darin zeigt sich nicht nur ein allgemeiner Trend zur Politisierung der deutschen Literatur in diesen Jahren, sondern die Politisierung des gesamten öffentlichen Lebens in der Bundesrepublik, wozu nicht zuletzt die studentischen Reformbestrebungen beitrugen. Lenz hat diesen Trend zweifellos mitgemacht und steht damit dem weitaus aggressiveren, mit ihm befreundeten Günter Grass nahe, aber auch dem älteren Heinrich Böll. Lenz ist aber selbst im Vergleich zu Böll maßvoller, gelassener. Seine Gegner würden sein Engagement vielleicht sogar als zu vage, ungenau, nicht eindeutig genug bezeichnen. Sicherlich ist Lenz weniger provokativ als Grass; er will nicht brüskieren, vor den Kopf stoßen, sondern konziliant und demokratisch, rational überzeugen. Er ist nicht doktrinär-aggressiv, wie Walser es sein kann, sondern liebenswürdig-konziliant. Unter den deutschen Gegenwartsautoren fühlt er sich vor allem dem älteren Wolfgang Koeppen verpflichtet, zu dessen Œuvre sich bei ihm gewiß Parallelen finden lassen, von dem er sich aber durch disziplinierte Stabilität in der Produktivität unterscheidet.

Mit der Ablehnung ästhetischer Wortspielerei, d. h. auch der damit implizierten Ablehnung z. B. der konkreten Poesie) und der Ablehnung dokumentarischer Literatur (d. h. von Dramatikern wie Peter Weiss, Heinar Kipphardt oder Rolf Hochhuth und Autoren wie Alexander Kluge oder Günter Wallraff), mit der Verteidigung einer von ,avantgardistisch' orientierten Kritikern in Frage gestellten ,traditionellen' Geschichte läßt sich Lenz von den meisten zum Teil älteren Autoren der Gegenwartsliteratur abgrenzen. Aber diese Haltung trennt ihn vor allem auch von der Generation der nach dem Krieg Herangewachsenen, der Generation Peter Handkes (geb. 1942) und Jürgen Beckers (geb. 1932). Andererseits verbindet ihn nichts mit dem ,Neuen Realismus' um Dieter Wellershoff (geb. 1925).

Lenz zeigt sich damit bis zu einem gewissen Grade als literarischer Außenseiter, als gemäßigter Traditionalist im Erzählen, als ein ,,Erzähler im klassischen Sinne"[77] oder ,,ein Autor der Mitte und des Ausgleichs"[78], geschätzt und viel gelesen als

„Meister der traditionellen Kunst", der sowohl scharf beobach-
tete Details gibt als auch deren symbolische Überhöhung. Ein
starker konservativer Zug in seinen Schriften und in seinen
theoretischen Äußerungen läßt sich nicht leugnen.

Allzu leicht läßt sich aus diesem Versuch der Charakterisie-
rung durch literarhistorische Abgrenzung der Schluß ziehen,
Lenz sei unverändert, sei sich gleich geblieben inmitten literarischer Modeerscheinungen und Tagestorheiten einerseits und
notwendiger Entwicklungen andererseits. Gerade die Veröf-
fentlichung einer Sammlung traditioneller Erzählungen wie
‚Der Geist der Mirabelle‘ noch im Jahre 1975 scheint diesen
Eindruck zu bestätigen. Doch nicht nur zeigt sich auch dort
zumindest in Ansätzen der Versuch, einen bewußten Gegen-
wurf zu den frühen Suleyken-Geschichten vorzulegen; dazwi-
schen liegt die Entwicklung Lenz’ von Hemingway-Abhängig-
keit zu gemäßigtem sozialen Engagement, von im unbestimm-
ten Raume angesiedelter dörflicher Idylle zur unermüdlichen
Frage nach den inneren Gründen und Motiven für das Dritte
Reich und zur kritischen Befragung moralischer Vor- und Leit-
bilder im konkreten Hier und Jetzt. Daß der Schriftsteller Lenz
jedoch weder in formaler, noch in thematischer Hinsicht am
Ende seiner Laufbahn angelangt ist, bestätigt seine bisher letzte
Buchveröffentlichung, ‚Einstein überquert die Elbe bei
Hamburg‘.

IV. Anmerkungen

1 S. Lenz, Beziehungen, Ansichten und Bekenntnisse zur Literatur. Hamburg 1970, 287 (Interview mit Marcel Reich-Ranicki).
2 S. Lenz in: Ekkehart Rudolph, Protokoll zur Person. Autoren über sich und ihr Werk. München 1971, 98.
3 Aus einem Pressebericht von Lenz für WIN (Wählerinitiative Nord), 8. Jan. 1971; zitiert nach Kenneth Eltis, Siegfried Lenz und die Politik. In: Colin Russ (Hrsg.), Der Schriftsteller Siegfried Lenz. Urteile und Standpunkte. Hamburg 1973, 80.
4 S. Lenz, Verlorenes Land – Gewonnene Nachbarschaft. Die Ostpolitik der Bundesregierung. WIN (Kiel) 1971, 17.
5 Lenz am 2. August 1972 in einem Interview mit Wilhelm Johannes Schwarz. In: W. J. S., Der Erzähler Siegfried Lenz. Bern und München 1974, 142.
6 S. Lenz, Unsere Chance: Veränderung – Rede über den Zweifel. In: Dafür, 1. Mai 1969, 10.
7 S. Lenz, Die Herrschaftssprache der CDU. WIN (Kiel) 1971, 20.
8 Corinna Cramon, Lenz für den roten Jochen. Interview mit Siegfried Lenz. Münchner Abendzeitung, 24. April 1971.
9 Ekkehart Rudolph (s. o. Anm. 2), 104.
10 Vgl. Anm. 4.
11 Werner Jentsch, Konflikte. Theologische Grundfragen im Werk von Siegfried Lenz. In: Colin Russ, a. a. O., 110.
12 Werner Jentsch, a. a. O., 112f.
13 Klaus Günter Just. Die Romane von Siegfried Lenz. In: Colin Russ, a. a. O., 31.
14 Vgl. Klaus Günther Just, a. a. O., 31.
15 Zitiert nach Kenneth Eltis (s. o. Anm. 3), 82.
16 Corinna Cramon (s. o. Anm. 8).
17 S. Lenz, in: Richard Kirn, Alex Natan (Hrsg.), Stadion. Sport in Bild und Kommentar. Teil 3. Basel und Stuttgart 1960, 104f.
18 Vgl. Herbert Lehnert, Die Form des Experiments als Gleichnis. Einiges über Siegfried Lenz. Frankfurter Hefte 18 (1963), 476.
19 Herbert Lehnert, a. a. O., 477.
20 Klaus Günther Just, a. a. O., 33.
21 Kenneth Eltis (s. o. Anm. 3), 87.
22 Werner Weber, Auf der Flucht vor dem Erzählen. Die Zeit, 10 1963.
23 Günther Busch, Eine Rechtfertigung? Frankfurter Hefte 18 (1 494.

24 Werner Weber (s. o. Anm. 22).

25 Vgl. Günther Cwojdrak, Andrang zur Deutschstunde. Die Welt-
bühne 24 (12. August 1969), 1011 f.

26 Dietrich Peinert, Siegfried Lenz' Deutschstunde. Eine Einführung.
In: Colin Russ (s. o. Anm. 3), 177.

27 Vgl. Theo Elm, Siegfried Lenz' Deutschstunde. Engagement und
Realismus im Gegenwartsroman. München 1974, 37.

28 Theo Elm, ebenda.

29 Theo Elm, a. a. O., 38.

30 Theo Elm, a. a. O., 51.

31 Vgl. Werner Weber, Rugbüll zum Beispiel. Die Zeit, 20. September
1968.

32 Z. B. von Albrecht Weber, Siegfried Lenz. Deutschstunde. München ²1973, 108 f.

33 Vgl. Theo Elm, a. a. O., 132.

34 Theo Elm, a. a. O., 90.

35 Vgl. Theo Elm, a. a. O., 109 ff.

36 Kurt Batt, Geschichten kontra Geschichte. Über die Erzählungen
und Romane von Siegfried Lenz. In: Ders., Revolte intern. München 1975, 199.

37 Vgl. Theo Elm, a. a. O., 14.

38 Werner Ross, Vorbilder – leicht beschädigt. Merkur 28 (Februar
1974), 191.

39 Hans Mayer, ,Das Vorbild'. Nachsitzen in der Deutschstunde. Der
Spiegel 34 (1973), 92.

40 Hans Mayer, a. a. O., 93.

41 Kurt Batt (s. o. Anm. 34), 204.

42 Helmut Papajewski, Hemingway's Works in Germany. In: Roger
Assilineau (Hrsg.), The Literary Reputation of Hemingway in Euro-
pe. New York 1965, 83.

43 In: Uwe Schulz (Hrsg.), Fünfzehn Autoren suchen sich selbst. München 1967, 9–20; später auch in: Siegfried Lenz, Beziehungen, 50–63.

44 Herbert Lehnert (s. o. Anm. 18), 480.

45 Werner Zimmermann, Siegfried Lenz: *Nachzahlung*. In: Ders.,
Deutsche Prosadichtungen unseres Jahrhunderts. Bd. 2. Düsseldorf
²1969, 324.

46 Z. B. in seinem Nachwort zu: S. Lenz, Gesammelte Erzählungen.
Hamburg 1970, 621–633.

Vgl. T... Komik und Humor. Die masurischen Geschichten.
... (s. o. Anm. 3), 194.

... a. O., 191.

Mai ...ir und Dostojewski. Eine Debatte mit Heinrich Böll,
963) ...nz, André Malraux, Hans Erich Nossack, geführt von
...rber. Hamburg 1972, 79 f.

39

50 S. Lenz, Mein erstes Theaterstück. Wie ‚Zeit der Schuldlosen entstand'. Die Zeit, 22. September 1961.
51 Albert R. Schmitt, Schuld im Werke von Siegfried Lenz: Betrach-
tungen zu einem zeitgemäßen Thema. In: Ders. (Hrsg.), Festschrift
für Detlev W. Schumann zum 70. Geburtstag, München 1970, 373.
52 Vgl. Herbert Lehnert (s. o. Anm. 18), 475.
53 Vgl. Günther Penzoldt, Der Denkspieler Siegfried Lenz. In: Colin
Russ (s. o. Anm. 3), 63.
54 Vgl. ebenda.
55 Vgl. Hans-Jürgen Greif, Das szenische Werk. In: Wilhelm Johannes
Schwarz, Der Erzähler Siegfried Lenz. Bern und München 1974, 93.
56 S. Lenz, ‚Zeit der Schuldlosen' und ‚Das Gesicht'. In: Ders., Das
Gesicht. Hamburg 1964, 91.
57 Ebenda.
58 Ebenda, 92.
59 Hans-Jürgen Greif (s. o. Anm. 53), 111.
60 Hans-Jürgen Greif, a. a. O., 112.
61 E. Plunien, Sehen – ein strafbarer Luxus? Die Welt, 2. März 1970.
62 Die Ordnung ist blind. In: Frankfurter Allgemeine Zeitung, 3. März
1970, zitiert nach Hans-Jürgen Greif, a. a. O., 115.
63 Hans-Jürgen Greif, a. a. O., 117. Seitenangaben durch die der dtv-
Ausgabe ersetzt.
64 Hans-Jürgen Greif, a. a. O., 120.
65 Johann Lachinger, Siegfried Lenz – 1963. In: Colin Russ (s. o. Anm.
3), 248.
66 Hans-Jürgen Greif, a. a. O., 123.
67 Manfred Leier, Böse Tanten und der Mord im Schlafrock. Welt der
Literatur, 18. Januar 1968.
68 Ekkehart Rudolph (s. o. Anm. 2), 97.
69 Geno Hartlaub, König Midas, der Geschichtenerzähler und der Mär-
chenfischer – Gespräch mit Siegfried Lenz. Sonntagsblatt, 25. De-
zember 1966.
70 Ekkehart Rudolph, a. a. O., 102.
71 In: Baumeister einer brüderlichen Welt. Siegfried Lenz. Dokumente
einer Ehrung. Hamburg 1970, 30–40.
72 Ebenda, 36.
73 Ebenda, 37.
74 Vgl. Ekkehart Rudolph (s. o. Anm. 2), 102 f.
75 Marcel Reich-Ranicki, Siegfried Lenz, der gelassene Mitwisser –
1963. In: Colin Russ (s. o. Anm. 3), 215.
76 Ebenda, 216.
77 Ebenda, 221.
78 Klaus Günther Just, Siegfried Lenz als Erzähler. In: Siegfried Lenz.
Ein Prospekt. Hamburg 1966, 28.

V. Zeittafel zu Leben und Werk Siegfried Lenz'

Wenn nicht anders angegeben, sind Lenz' Bücher im Hoffmann und Campe Verlag erschienen. Im Text wird, wenn verfügbar, nach den leichter zugänglichen Taschenbuchausgaben zitiert.

1926   Lenz wird am 17. März in Lyck in Masuren/Ostpreußen geboren.

1943   Kriegsabitur; Eintritt in die Kriegsmarine.

1945   Lenz desertiert kurz vor dem Zusammenbruch in Dänemark. Anschließend in englischer Gefangenschaft. Er läßt sich in Bargteheide bei Hamburg nieder und beginnt ein Studium der Philosophie, Literaturgeschichte und Anglistik an der Universität Hamburg. – Lenz lebt als Schwarzhändler.

1948   Abbruch des Studiums; Redakteur bei der ,Welt'.

1949   Heirat.

1950–51   Feuilleton-Redakteur bei der ,Welt'. Beginn der schriftstellerischen Tätigkeit.

Seit 1951   Freier Schriftsteller in Hamburg. Im Sommer in Leböllykke per Tandslet/Alsen (Dänemark).

1951   Erster Roman: ,Es waren Habichte in der Luft'. Mitglied der ,Gruppe 47'.

1952   Verleihung des René Schickele-Preises.

1953   Stipendium des Hamburger Lessing-Preises für ,Es waren Habichte in der Luft'. – ,Duell mit dem Schatten. Roman'.

1955   ,So zärtlich war Suleyken. Masurische Geschichten'.

1957   ,Der Mann im Strom. Roman'.

1958   ,Jäger des Spotts. Geschichten aus dieser Zeit'. – ,Der Mann im Strom' wird verfilmt.

1959   ,Brot und Spiele. Roman'.

1960   ,Das Feuerschiff. Erzählungen'.

1961   ,Zeit der Schuldlosen – Zeit der Schuldigen', Hörspiele. – ,Zeit der Schuldlosen'. Drama (Bearbeitung der Hörspiele). – Uraufführung am 19. September im Deutschen Schauspielhaus, Hamburg. – Literaturpreis der Freien Hansestadt Bremen, Gerhart-Hauptmann-Preis der Freien Volksbühne Berlin und Ostdeutscher Literaturpreis.

1962   Georg-Mackensen-Literaturpreis für seine Kurzgeschichten. – ,Stimmungen der See. Erzählungen', mit einem autobiographischen Nachwort (Reclams Universal-Bibliothek).

1963 ‚Stadtgespräch. Roman‘. – Verfilmung von ‚Das Feuerschiff‘.
1964 ‚Das Gesicht. Komödie‘. – Am 18. September Uraufführung im Deutschen Schauspielhaus, Hamburg. – ‚Lehmanns Erzählungen oder So schön war mein Markt‘. Verfilmung von ‚Zeit der Schuldlosen‘.
1965 ‚Der Spielverderber. Erzählungen‘.
Seit 1965 Teilnahme an Wahlkämpfen für die SPD.
1966 Großer Kunstpreis des Landes Nordrhein-Westfalen für Literatur. – ‚Jahrgang 1926‘, in: ‚Jahr und Jahrgang 1926‘, hrsg. v. Egon Schramm u. a.
1967 ‚Haussuchung. Hörspiele‘
1968 Vortragsreise durch Australien. ‚Deutschstunde. Roman‘. – ‚Leute von Hamburg‘.
1969 Amerikareise: Gastsemester über europäische Nachkriegsliteratur an der University of Houston/Texas.
1970 ‚Die Augenbinde. Schauspiel. Nicht alle Förster sind froh. Dialog‘ (rororo). – ‚Beziehungen. Ansichten und Bekenntnisse zur Literatur‘. – ‚Gesammelte Erzählungen‘. – Am 28. Februar Uraufführung von ‚Die Augenbinde‘ im Düsseldorfer Schauspielhaus. – Verfilmung von ‚Deutschstunde‘ fürs Fernsehen. – Literaturpreis der deutschen Freimaurer und Lessing-Ring. – Lenz reist auf Einladung von Willy Brandt zur Unterzeichnung des deutsch-polnischen Vertrags mit nach Warschau.
1971/72 Verfilmung von 13 der masurischen Geschichten (‚So zärtlich war Suleyken‘) fürs Fernsehen. – ‚So war das mit dem Zirkus. Fünf Geschichten aus Suleyken‘ (Kinderbuch; 1971).
1973 ‚Das Vorbild. Roman‘.
1975 ‚Der Geist der Mirabelle. Geschichten aus Bollerup‘. – ‚Einstein überquert die Elbe bei Hamburg. Erzählungen‘.
1976 Verleihung der Ehrendoktorwürde durch die Universität Hamburg. – ‚Die frühen Romane‘.

Ausführliche Bibliographien der Primär- und Sekundärliteratur zu Lenz finden sich in:
Colin Russ (Hrsg.), Der Schriftsteller Siegfried Lenz. Urteile und Standpunkte. Hamburg 1973.
Wilhelm Johannes Schwarz, Der Erzähler Siegfried Lenz. Bern und München 1974.

edition text + kritik

Herausgeber
Heinz Ludwig Arnold

Redaktionskollegium:
Jörg Drews,
Helmut Heißenbüttel,
Horst Lehner.

TEXT+KRITIK
erscheint mit vier
Nummern im Jahr

Zu beziehen durch
jede Buchhandlung.

Bisher sind erschienen
und lieferbar:

(1/1 a) Günter Grass
114 Seiten, DM 9,80

(2/3) Hans Henny Jahnn
88 Seiten, DM 7,80

(4/4 a) Georg Trakl
81 Seiten, DM 8,80

(5) Günter Eich
47 Seiten, DM 4,50

(6) Ingeborg Bachmann
62 Seiten, DM 5,50

(7/8) Andreas Gryphius
54 Seiten, DM 6,80

(9/9 a) Politische Lyrik
106 Seiten, DM 9,80

(10/11) Ezra Pound
72 Seiten, DM 6,80

(12/12 a) Robert Walser
85 Seiten, DM 9,80

(13/14) Alfred Döblin
80 Seiten, DM 8,80

(15/16) Henry James
71 Seiten, DM 6,80

(17) Cesare Pavese
35 Seiten, DM 3,50

(18/19) Heinrich Heine
80 Seiten, DM 7,80

(20) Arno Schmidt
65 Seiten, DM 5,50

(21/22) Robert Musil
87 Seiten, DM 8,80

(23) Nelly Sachs
51 Seiten, DM 4,50

(24/24 a) Peter Handke
80 Seiten, DM 7,80

(25) Konkrete Poesie I
49 Seiten, DM 4,50

(26/27) Lessing contra
Goeze, 76 Seiten,
DM 7,80

(28) Elias Canetti
59 Seiten, DM 5,50

(29) Kurt Tucholsky
49 Seiten, DM 4,50

(30) Konkrete Poesie II
55 Seiten, DM 5,50

(31/32) Walter Benjamin
92 Seiten, DM 8,80

(33) Heinrich Böll
71 Seiten, DM 8,—

(34) Wolfgang Koeppen
60 Seiten, DM 6,—

(35/36) Kurt Schwitters
87 Seiten, DM 8,80

(37) Peter Weiss
48 Seiten, DM 5,50

(38) Anna Seghers
46 Seiten, DM 5,50

(39/40) Georg Lukacs
90 Seiten, DM 9,80

(41/42) Martin Walser
86 Seiten, DM 9,80

(43) Thomas Bernhard
56 Seiten, DM 6,—

(44) Gottfried Benn
55 Seiten, DM 6,50

(45) Max von der Grün
53 Seiten, DM 6,50

(46) Christa Wolf
56 Seiten, DM 6,50

(47/48) Max Frisch
100 Seiten, DM 12,—

Sonderbände

Jean Paul
145 Seiten, DM 12,20

Heinrich Mann
160 Seiten, DM 14,80

Bertolt Brecht I
160 Seiten, DM 14,50

Bertolt Brecht II
228 Seiten, DM 18,50

Joseph Roth
140 Seiten, DM 16,50

Karl Kraus
243 Seiten, DM 19,50